O OLHAR EM PSICANÁLISE

Transmissão da Psicanálise
diretor: Marco Antonio Coutinho Jorge

Juan-David Nasio

O Olhar em Psicanálise

Tradução:
VERA RIBEIRO
Psicanalista

ZAHAR

Título original:
La mirada en psicoanálisis

Tradução autorizada da primeira edição espanhola
publicada em 1992 por Editorial Gedisa, de Barcelona, Espanha

Jorge Zahar Editor Ltda.
rua Marquês de S. Vicente 99 – 1º | 22451-041 Rio de Janeiro, R J
tel (21) 2529-4750 | fax (21) 2529-4787
editora@zahar.com.br | www.zahar.com.br

Composição eletrônica: TopTextos Edições Gráficas Ltda.

CIP-Brasil. Catalogação-na-fonte
Sindicato Nacional dos Editores de Livros, RJ

Nasio, Juan-David
N211o O Olhar em psicanálise / Juan-David Nasio; tradução — Vera Ribeiro. — Rio de Janeiro: Zahar, 1995.
(Transmissão da psicanálise)

Tradução de: La mirada eno psicoanálisis
Seminário proferido em 1º e 2 de agosto de 1987, na Aula Magna da Faculdade de Medicina da Universidade de Buenos Aires.
ISBN 978-85-7110-303-0

1. Psicanálise. 2. Comunicação não-verbal — Aspectos psicológicos. 3. Interpretações psicanalíticas. I. Título. II. Série.

CDD: 616.8917
94-0003 CDU: 159.964.2

Seminário proferido em 1º e 2 de agosto de 1987,
na Aula Magna da Faculdade de Medicina
da Universidade de Buenos Aires

Revisão e estabelecimento do texto original:
Ana María Gómez

A minha mãe

Prefácio

Os prefácios, quase indefectivelmente, fazem parte dos livros. Suas características são muito diversas, e também suas pretensões.

Este, portanto, cumpre com esse requisito comum, mas pretende ainda historiar minimamente o texto com que o leitor irá encontrar-se depois.

Em primeiro lugar, trata-se de um Seminário. Os leitores psicanalíticos — e também muitos dos que não o são — sabem que a forma de transmissão chamada "seminário" tem uma história já fecunda e profusa em nosso campo, a qual não esgota sua continuação. Jacques Lacan impulsionou seu seminário durante muitos anos e estabeleceu um precedente, deu um nome específico a um modo de transmitir, e constituiu um modelo no tocante à propagação da teoria analítica.

Antes ou depois, mas nunca do mesmo modo a partir desse marco na história da psicanálise, os seminários são um espaço e um tempo peculiar.

Juan-David Nasio também sustenta essa dimensão há vários anos, em Paris; de igual maneira — menos habitualmente, porém sem interrupção —, tem realizado em Buenos Aires seus seminários sobre temas distintos.

O olhar é, evidentemente, um problema que o tem ocupado — e certamente o ocupará — ao longo do tempo. Foi de início em Paris que Nasio desenvolveu durante dois anos seu dizer e seu fazer sobre a questão escópica. Dizer é o habitual; e fazer, no que seu seminário não se limitou à palavra, mas se completou com a construção de maquetes, a projeção de diapositivos e a proposição de gráficos e esquemas. Diríamos que, nesse seminário, a visão foi dirigida para "seres" imaginários, que ocuparam seu lugar no espaço. Talvez precisamente por se tratar do olhar é que isso ocorreu dessa maneira. Ante o mais imperceptível e o menos apreensível, os objetos foram dados a ver.

Em agosto de 1987, na Aula Magna da Faculdade de Medicina da Universidade de Buenos Aires e durante dois dias de trabalho, o seminário colocou-se em palavras e em mostras diversas: os objetos, em sua proposta de espacialidade concreta — como no caso da garrafa de Klein —, puderam ser percorridos pela visão e pelo tato, provavelmente, como dizíamos, para possibilitar uma outra ordem de compreensão, dado que o inefável do olhar não consegue penetrar facilmente na intelecção humana.

O texto com que nos deparamos conserva todo o frescor próprio do dito, respeita seu tempo, segue os percursos do diálogo do autor com seu público. Nele se conservaram o modo e o estilo peculiar daquele que discorreu, sem a pretensão de transformá-lo num texto-letra, que não esteve em sua origem. Seu destino inicial não era esse, mas, não obstante, assim se decantou.

Supõe-se que seja imperfeito, e seguramente o é — donde cabe perguntar como seria um texto perfeito. Está aberto, como merece, a tudo o que seu autor ainda tenha a dizer acerca do tema e a tudo que cada leitor possa também acrescentar com suas colaborações.

Da palavra dita à letra escrita — em sua transposição bastante trabalhosa —, colaboraram vários dos participantes dos "Grupos Clínicos de Buenos Aires". A eles se devem as supostas imperfeições e também, neste caso e no tocante a esta versão, o fato de que, hoje, estas letras — que continuarão a ser sempre as de seu autor — se coloquem em preto no branco.

Muitas vezes esquecemos um gesto necessário: não basta obter este objeto tão extraordinário que se chama livro, não chega percorrer suas páginas, não é suficiente concordar ou não com o que nele se diz — sobretudo quando essa obra está destinada a uma teoria que se faz prática em nosso trabalho clínico. O gesto esquecido é o de agradecer — além das dissidências ou concordâncias

— a quem decide brindar-nos com uma possibilidade a mais de abrir caminho em nosso pensamento, como propôs alguém, "sempre aberto e em movimento".

ANA MARÍA GÓMEZ
Buenos Aires, maio de 1992

Juan-David Nasio: Antes de mais nada, quero agradecer às numerosas instituições, todas elas muito importantes em nosso âmbito psicanalítico, por haverem patrocinado este seminário. Para mim, psicanalista argentino, é realmente uma honra muito significativa que o trabalho que faremos juntos nestes dois dias receba tão prestigioso reconhecimento. Quero incluir neste agradecimento inicial três instituições que não são psicanalíticas, mas que contribuem para o desenvolvimento da psicanálise na Argentina. Refiro-me às três editoras, Amorrortu, Gedisa e Nueva Visión.

Além disso, porém, teria sido impossível nos reunirmos hoje aqui sem a estreita colaboração de muitos colegas e amigos, não só de Buenos Aires, mas também de Rosario, Tucumán, Córdoba, Mar del Plata etc., que estão hoje aqui presentes. Foi toda essa colaboraçao que permitiu a organização e a difusão disto que nos reúne, tornando-o possível.

Algumas das questões que vamos abordar foram propostas no modelo do Seminário Psicanalítico de Paris, e esse material — parte dele — foi estabelecido, em sua versão espanhola, com a ajuda da Sra. Ana Bedouelle.

Tenho a meu encargo, portanto, a responsabilidade de proferir este seminário, mas não posso dizer que ele me pertença exclusivamente. A preparação destas reuniões foi tão intensa que vocês, aí onde estão sentados, não podem imaginar.

Foi um trabalho muito intenso, cheio de momentos agradáveis e difíceis, a tal ponto que eu diria que este seminário pertence também aos sete colegas da Comissão Organizadora. Gostaria de nomeá-los: Oscar D'Amore, Ana María Gómez, Graciela Graham, Susana Jonis, Liliana López Santiso, Elisa Nudman e Aída Saks, que acaba de me apresentar. Eu diria que, neste instante inaugural, minha palavra é também a deles. A partir de agora, o melhor que poderíamos esperar, o que peço a vocês que esperem, é que esta palavra seja também a de vocês, que não seja somente a minha.

Muitos dos que estão presentes aqui participaram de outros seminários e de outras atividades que realizamos em conjunto. Vocês sabem que, num seminário, o que entra em jogo, fundamentalmente, é a possibilidade de que haja um intercâmbio, de que não se trate apenas da palavra de quem o profere, mas que esteja presente a palavra de vocês, de modo a que se crie um âmbito de trabalho compartilhado. Isso é o que me estimula. Para mim, o seminário dependerá, não tanto do que preparei, mas de como vocês o recebam.

Por isso lhes peço, é meu desejo mais firme, que intervenham, perguntem, observem e que façam comentários. Creio que um seminário não é apenas informação, implica mais duas coisas: primeiro, a possibilidade de ajustar o sentido de termos e nomes que empregamos habitualmente; este seminário deve ser uma oportunidade de que as palavras, os termos teóricos que eu propuser, sejam ajustados e precisados. De vermos como vocês os manejam, como determinam seu modo de trabalhar a prática, como os incluem na elaboração teórica, em seu pensamento e na reflexão. Ou seja, este seminário tem como objetivo não apenas informar, mas também o que eu chamaria de ajustar o sentido de um nome.

Que é a construção de uma teoria? Creio que a construção de uma teoria é um processo de dar nome a fatos da experiência. Uma teoria constrói-se com nomes que definem — não Freud, nem Lacan, nem Melanie Klein —, são nomes que se definem numa comunidade psicanalítica. E esses nomes designam, denominam um fato da experiência. Esse nome terá vários sentidos e definirá prontamente um campo de sentido, um campo semiótico que irá depender da relação com outros nomes dessa mesma teoria.

Em síntese, o processo de construção de uma teoria é:

— dar nome
— definir sentidos
— ligar o nome a outros nomes.

A segunda função de um seminário é poder ajustar o sentido desses nomes e ligar um nome a outro.

No entanto, creio que é incompleto pensar que sejam exclusivamente essas as funções de um seminário. Além de informar e fazer um acordo — não encontro palavras mais exatas —, dar contornos mais precisos aos nomes, no trabalho de dar sentido, entendo que há outra função de um seminário, que é a função ideal. Muitos de vocês fazem, fizeram ou farão seminários no futuro, terão que expor uma reflexão, uma conclusão, um trabalho. O mais importante, quando alguém tem que dar conta de uma reflexão, é que o que ele diga não valha pelo conteúdo do que ele disser; o valor de dizer algo não está nesse algo que se diz, mas no próprio fato de dizê-lo.

Para mim, o valor maior deste seminário, o ideal — às vezes se consegue, às vezes, não —, é que o modo como eu o diga, o ato mesmo de eu dizer meu seminário, de falar, como faremos neste dia e meio, que nisso se articule a transmissão. A transmissão se articula no modo como a teoria está presente em mim. Porque, na medida em que isso seja transmissível, haverá, no melhor dos casos, idealmente, uma incidência no trabalho de vocês com seus pacientes.

Quando falo como estou falando agora, minha intenção, que é totalmente imaginária, é a seguinte: eu me dirijo a vocês, mas, além disso, é como se sentisse por trás de vocês todas as pessoas, os pacientes, a experiência que vocês estão fazendo nos hospitais, no consultório particular, no ensino etc. É como uma relação em série, como nas corridas de revezamento, há um bastão que se passa, como se eu lhes passasse um bastão e soubesse que vocês o passarão adiante, e que, por sua vez, ele voltará para mim. Ou seja, há um trabalho de relação, como nas corridas de revezamento. Numa palavra, o valor do seminário — por que não dizê-lo? — é aquilo que espero, o que sonho, o melhor: não está tanto em informar, já estará bem se conseguirmos ajustar os termos, mas o que posso esperar como o melhor é que o que digo seja dito com tal força, com tal ato, que determine atos em vocês.

Passemos então ao problema do olhar. A primeira observação é, como me disse recentemente, numa entrevista no rádio, um jornalista muito culto: "Como é que o senhor vai falar do olhar em psicanálise, se, como psicanalista, o senhor fica sentado numa poltrona, o paciente, reclinado num divã, e não há olhar nessa situação? Quando muito, o psicanalista pode olhar para o paciente recostado, e assim, como se explica que o senhor pense no olhar em psicanálise?" Isso pareceria um tema pouco importante, se nos limitássemos ao momento em que o psicanalista olha para o paciente quando vai buscá-lo na sala de espera, ou quando o cumprimenta para se despedir dele.

Certamente, há que assinalar aí uma diferença muito importante: o olhar, na experiência da análise, não é sinônimo de ver na análise. Ver não é, para os analistas, o mesmo que olhar. Na experiência da análise, no dispositivo analítico, não se vê, mas se olha, e esses são momentos muito presentes na prática do analista.

Então, no dispositivo da análise não se vê, mas se olha. Isso não impede que haja momentos em que se vê — por exemplo, quando o analista na poltrona vira a cabeça e vê o corpo do paciente. Isso é importante e, às vezes, é até preciso ver o corpo do paciente. Que está acontecendo, como se mexe esse corpo? Há momentos em que, sem escutarmos nada, o movimento da cabeça do paciente nos mostra que ele está chorando, por exemplo. Quantas vezes estamos escutando e não nos damos conta de que o paciente está chorando, e, ao virar a cabeça, percebemos que está gemendo, chorando. Pode-se ver o paciente ao cumprimentá-lo, na chegada ou na saída. São momentos importantes na análise, por exemplo, quando alguém chega para a sessão e diz: "Hoje não posso me deitar..."; são momentos de angústia muito particulares numa análise, e aí está a visão, é claro, não a excluo e lhe dou grande importância, mas aí ainda não se está olhando. Aí se vê, mas não se olha. Em contrapartida, quando o analista está sentado em sua poltrona sem ver o paciente — no dispositivo analítico clássico —, o analista olha e o paciente também olha. Esta é uma das proposições que lhes quero fazer.

A visão não é o olhar. O primeiro texto que distingue isso nitidamente é o seminário dos anos 63/64 de Lacan; é claro, um oftalmologista também lhes dirá que há uma distinção entre visão e olhar. Ele dirá: ver é ver o mundo que está diante de nós, e olhar é fixar a vista num detalhe, num aspecto particular daquilo que estamos vendo.

Essa distinção existe no dicionário, na teoria fisiológica ou na teoria oftalmológica, e nós a retomamos, porém de um modo totalmente diferente. Ver não é olhar, mas eu diria ainda: é preciso que a visão seja excluída do espaço da sessão analítica para que o olhar tenha maior potência, para que o olhar seja um olhar forte e poderoso.

Eu o diria assim: a cegueira parcial dos olhos, provocada pela posição estendida no divã, contrasta com a luminosidade psíquica de um olhar inconsciente, irradiante, e esse olhar inconsciente está no núcleo de muitas das manifestações clínicas que conhecemos, como, por exemplo, as fantasias, a lembrança encobridora, o já-visto, a cegueira histérica, os atos perversos ou a alucinação visual.

O paradoxo seria: é preciso que a visão dos rostos, que a visão em geral seja espacialmente excluída, para permitir que surja um olhar inconsciente. Esse olhar, nuclear em formações psíquicas como as que acabo de nomear, pode surgir de duas maneiras: seja como o ato de olhar, seja como a satisfação que esse ato proporciona. Quer dizer, temos que fazer duas grandes distinções, que, como toda distinção, são artificiais:

a. por um lado, a diferença entre olhar e visão, e eu acrescentaria: a diferença entre olhar e visão e a fascinação.
b. por outro lado, vemos que dentro do mesmo termo, "olhar", existem dois sentidos que comumente se confundem na língua:

1º sentido: o olhar enquanto *ato perceptivo* de fitar. Vejam no dicionário, diz-se ali: "captar com o olhar, lançar um olhar"; há algo do movimento ativo, há algo da ação, do ato.

2º sentido: o olhar enquanto *satisfação* do ato. Não mais o ato, porém a satisfação dele mesmo. O dicionário diria: "olhares expressivos", olhares que marcam tal ou qual coisa, tal ou qual sentimento, tal ou qual posição subjetiva. O olhar já não é a ação, é o peso tensional, subjetivo; eu o chamaria de satisfação que está implícita no ato de olhar.

Em psicanálise, mantemos essa distância. Vamos mantê-la ao longo deste trabalho.

O olhar como *ato* foi descrito pela teoria metapsicológica da pulsão no texto de Freud, *As pulsões e suas vicissitudes.* Aparece ali, nitidamente, como um movimento, como o movimento de um ato, como a curva de um movimento que tem um início e um fim. Ou seja, o olhar, enquanto ato, é descrito desde a metapsicologia como *ação pulsional.*

O olhar, enquanto *satisfação* do ato, remete à idéia de uma *energia.* Vamos devagar. Estou empregando termos que eu mesmo não abraço — por exemplo, "energia" — mas, progressivamente, iremos centrando a questão. O mesmo acontece com o termo "satisfação" — que remete à idéia de energia —; vocês verão como vamos ter que apagá-lo.

O olhar, então, enquanto satisfação, remete à idéia de energia, da energia desse ato, da tensão desse ato; e essa energia é uma energia que se perde à medida que o ato se desenrola. Essa energia não apenas se dissipa (vai-se dissipando ao longo desse movimento do ato), como também é a causa do ato. Isso está presente em todos os atos pulsionais inconscientes — o olhar, a voz, não importa —, sempre funciona do mesmo modo. A energia do ato é uma energia que se perde, que se dissipa, e ao mesmo tempo determina, sustenta, mantém o desenrolar do ato e faz com que o ato se cumpra.

Então:

— o *olhar como ato* é a curva do movimento,
— o *olhar como satisfação desse ato* remete à idéia de uma energia que se perde e que está no núcleo, que sustenta, que é causa — essa é a palavra exata.

Esta última acepção do olhar, como satisfação produzida e produtora do ato, vamos chamá-la — de acordo com Lacan — de gozo. Mais exatamente, gozo-objeto; e, ainda mais exatamente: objeto *a*. Há uma energia do ato. Primeiro a chamamos "tensão", depois, "satisfação", e agora, "gozo", termo que pertence à teoria de Lacan.

Esse termo já tem um sentido, já é um nome, mas é muito vago. Vamos precisá-lo: gozo objeto ou objeto *a*. Logo falaremos disso.

Sintetizando: o olhar que aparece, seja como ato, seja como movimento, é uma ação — o olhar agarra —, ou então, é a satisfação desse ato.

Freud — para que tenhamos um termo comum, conhecido não só pelos leitores de Lacan — chamaria esse olhar de energia, satisfação; ele o chamaria "objeto da pulsão", o olhar como objeto da pulsão. Portanto, temos o olhar como ato e como objeto pulsional, ou então, o olhar como ato pulsional e como uma das maneiras de gozar na análise. Olhar é gozar na análise; um dos modos pelos quais se goza na análise é olhando.

Por que me interessa o olhar? Por que trabalho esse tema?

Esta é outra questão sempre presente quando faço um seminário, e há que propô-la: a que tipo de dificuldade responde o que se vai dizer? Qual é a pergunta que sustenta o trabalho? Será que se trata de um capricho?

Não, não é um capricho, como não o é nenhum dos temas que trabalhamos a cada vez que elegemos estudar algo, ou contribuir, a nossa maneira, para a psicanálise. Os temas que escolhemos estão sempre ligados à experiência com nossos pacientes, à experiência pessoal, são "temas-sintoma". Um dos temas-sintoma, típico para mim, é o fim da análise. O tema do final da análise é um tema manifestamente típico do que é um sintoma entre o analista que trabalha e um texto que ele prepara.

O problema do olhar me interessa, e eu gostaria que interessasse a vocês, pois já não se trata de estudar as formações psíquicas que acabamos de mencionar: sonhos, fantasias, lembranças encobridoras etc. Interessa-me ver como o olhar surge, como emerge no analista quando ele trabalha.

A formação psíquica, escópica, visual de que estou falando ocorre no analista quando ele escuta. Ao ouvir as palavras do analisando — às vezes, seu silêncio —, surpreendo-me representando mentalmente para mim, com uma nitidez muito particular, uma imagem que condensa de maneira muito compacta a significação inconsciente do que escuto. O analista está escutando — talvez vocês tenham passado por essa experiência, é preciso estar numa posição muito particular de escuta — e, de repente, sem que ele tenha controle e sem que isso dependa de sua vontade, impõe-se mentalmente a ele uma imagem que está ligada — digo-o dessa maneira, dando um grande salto — à imagem da significação inconsciente do que ele escuta.

Não se trata de uma imagem que represente as palavras ou o sentido do que escuto; não. É uma imagem que não tem quase nada a ver com o que é dito, no sentido dos enunciados do paciente; é uma imagem completamente surpreendente, quase anômala em relação ao sentido do que se escuta.

Isso não é muito freqüente, não ocorre sempre, mas me pareceu importante trabalhá-lo, nomeá-lo, e é o ponto aonde eu gostaria de chegar: poder elaborar, entender o que é essa experiência de um analista a quem se impõe uma imagem, de um modo surpreendente. Creio que essa experiência é uma das expressões clínicas mais puras do ato inconsciente de olhar e, correlativamente, uma das raras circunstâncias na análise em que o gozo de olhar apresenta-se diante do psicanalista sob a forma de uma imagem fascinante, espontânea e de extrema vivacidade sensorial.

Tínhamos dito: visão-olhar e fascinação. Devemos compreender que o ato de olhar não pode desencadear-se, desenrolar-se e se concluir, não pode haver o gozo de olhar nem o ato de olhar, a não ser sob certas condições muito específicas, que chamamos as condições da visão.

A visão é o contexto em que se desenvolve, emerge, surge o olhar; e é precisamente no campo global da visão — formado de imagens — que vai surgir o olhar, num momento particular: o momento da fascinação.

Frente a uma coisa visível, por exemplo, este microfone, a visão consiste na percepção desta coisa pelo eu, mas, para o psicanalista — diferentemente do oftalmologista —, ver não é ver uma coisa, mas uma imagem. Não vemos coisas, vemos imagens. O mundo que vemos — para a psicanálise — é um mundo de imagens, não é a coisa em si. E quem vê não somos nós, não são os olhos do corpo, quem vê é o eu.

O eu, portanto, percebe imagens — e aqui vem a complicação —, imagens que, uma vez inscritas no eu, uma vez recebidas pelo eu, convertem-se na substância do eu. Ou seja, entre o eu e o mundo estende-se uma única dimensão, uma única dimensão contínua, sem nenhuma quebra, sem ruptura, que chamamos: dimensão imaginária.

Que é a dimensão imaginária em Lacan? É a dimensão que se estende entre o eu e o mundo de imagens. Essa é uma definição perfeitamente legítima e correta.

A dimensão imaginária é uma dimensão única, embora o eu creia que, entre ele e a imagem que ele percebe, existe uma diferença. E, é claro, quando estou diante do espelho, digo a mim mesmo — todos dizemos —: não sou a imagem do espelho. A criança já sabe disso; é interessante quando a criança começa a se dar conta disso, quando descobre que ela não é a imagem do espelho. Eu diria que esse momento não supõe o descobrimento de uma verdade, mas o descobrimento de algo que é uma mentira. É o descobrimento de uma verdade para o psicólogo ou para o oftalmologista, mas para nós, psicanalistas, é o descobrimento de uma mentira.

Françoise Dolto insiste muito em que, quando a criança está diante do espelho e o toca, a mãe — que está a seu lado — tem a impressão de que a criança acredita ser essa imagem. Dolto diz que não se deve dizer à criança que sua imagem é ela; ao contrário, há que dizer-lhe: "essa é sua imagem, e a mulher que está a seu lado é minha imagem." Não só a criança descobre essa aparente novidade — essa aparente verdade — de que ela não é a imagem, como também, além disso, Dolto insiste em que se deve ressaltar que ela não é a imagem.

Repito: não somos a imagem do espelho, isso é absolutamente certo, mas, do ponto de vista do eu, a imagem é o eu. Do ponto de vista do eu, a partir do conceito, da idéia que temos do eu — que não é a pessoa que fala —, o eu é aquele que está carregado de imagens, que é imagem. Do ponto de vista do imaginário, a imagem é o eu. No entanto, quando estou diante do espelho, eu imagino — nem é preciso que alguém me diga — que não sou a imagem. Isso de não ser a imagem é o que comumente se chama alteridade especular, e, do ponto de vista psicanalítico, essa alteridade é falsa. Na dimensão imaginária, não há alteridade especular, porque o eu é tão imagem quanto qualquer imagem percebida.

Há um filósofo — Henri Bergson — que diz muitas coisas que me interessam; ele é muito pouco lido, mas ocorre que me dá alento, em primeiro lugar, por seu rigor e clareza admiráveis, e em segundo, por certas questões, tais como o fato de que, em 1901, ele era um dos homens que falava do inconsciente; ao mesmo tempo que Freud publicava *A interpretação dos sonhos*, já nesse momento Bergson estava falando do inconsciente.

Bergson era um homem muito especial, que fazia parte da Comissão de Estudos dos Fenômenos Parapsíquicos, em Londres, questão a que se dava grande importância naquela época. Esse autor tem uma teoria muito interessante do imaginário, que tem muito a ver com o que estamos dizendo hoje, e o que estou dizendo hoje é absolutamente lacaniano; um bom leitor de Lacan concordaria em que há na dimensão imaginária uma continuidade entre o eu e a imagem. Isso é da mais pura essência lacaniana.

Voltarei a Bergson num momento.

Repito, para que nos entendamos: há uma função de desconhecimento do eu. Frente a um homem e sua imagem no espelho, temos vários pontos de vista:

1) O do psicólogo ou do fisiologista, que dirão: "esse homem não é a imagem." É o que faz a mãe quando diz ao filho: "Você não é a imagem" — o que Dolto aconselha; nisso, Dolto desempenha a função do psicólogo, e está certa, é o que eu faria com meu filho. Todos fazemos isso.

2) Da perspectiva da psicanálise, essa pessoa que vê a imagem não é uma pessoa, é um eu, e a imagem que está diante dela faz parte desse eu. O eu é feito de imagens. É preciso imaginar esse espelho e o eu, não como algo separado, mas como um contínuo entre os dois.

O eu não sabe, desconhece, portanto, que faz parte da imagem e que a imagem faz parte dele. O que Bergson diz — e é uma idéia muito difícil de aceitar, mas podemos chegar a fazê-lo, de acordo com o percurso que estamos trilhando — é o seguinte: "eu não vejo essa jarra, estou nessa jarra." "Eu, percebedor-percipiente, estou na imagem da jarra." Isso é muito interessante de trabalhar, porque, na perspectiva do imaginário, o eu é a imagem percebida, o eu está na imagem percebida, e essa imagem percebida é o eu.

Numa palavra, a visão se liga — psicanaliticamente — à percepção das imagens efetuada por um ser imaginário — o eu —, alienado no imaginário. Mas ocorre que nem todas as imagens captadas pelo eu são equivalentes. O eu não acolhe, não recebe, não percebe todas as imagens. Por exemplo, eu estou falando, e aí estão essa jarra, esse microfone, essa tela etc. Eu os vejo, mas não posso dizer que quem os vê é o eu; o eu não percebe imagens quaisquer, percebe apenas aquelas em que se reconhece. Ou seja, o eu percebe imagens pregnantes, imagens que, de longe ou de perto, reflitam o que ele é, essencialmente.

Que entendemos por imagens pregnantes?

Pregnância é um termo que vem da fenomenologia e, em particular, da teoria da forma, que, por sua vez, é influenciada por Husserl; é também um dos conceitos em que se baseia o matemático René Thom em sua teoria das catástrofes. Uma teoria matemático-físico-algébrica, construída para explicar, para formalizar certos fatos, por exemplo, uma mudança na evolução animal ou numa planta, ou para dar conta, também — esse é um exemplo que ele sempre dá —, da diferença que existe, do ponto de vista da álgebra, entre o momento em que um animal caçador persegue a presa e o momento em que a come. Thom se vale, para isso, da expressão "pregnância".

Não a tomo nem da teoria da forma nem da teoria das catástrofes, mas me valho dela porque me parece adequada para definir as imagens em que o eu se reconhece. Digo imagens pregnantes para diferenciá-las das outras, comumente visíveis.

A pregnância, portanto, é uma das tantas modalidades que o sentido adota. Não o sentido em sua acepção fisiológica de sensível, nem em sua acepção lingüística de ser dentro de um signo, mas em sua acepção psicanalítica de ser o efeito produzido quando uma forma imaginária — seja qual for — provoca o prazer de nos ajustarmos a ela e, acima de tudo, de nos reconhecermos nela. Chamamos pregnantes a todas as formas que adquirem sentido para o eu.

Em psicanálise, a palavra sentido resume-se num só: o sentido sexual.

Todo reconhecimento do eu nessas imagens pregnantes vem a ser, em última instância, um reconhecimento enquanto eu como ser sexual.

Detenham-se no que fizemos até agora. Suponham que estamos num auditório como este. Há vários panos no palco do teatro. Primeiro pano: vejo o mundo; a cortina é o mundo e não distingo mais nada. Abro o primeiro pano e deparo com um segundo, e digo: o mundo não são as coisas, o mundo são imagens. O segundo pano é o mundo das imagens, ou o mundo são imagens. Abro o segundo pano, deparo com um terceiro, e digo a mim mesmo: não apenas o mundo não são coisas, não apenas não são imagens, como também o mundo, para o eu, são apenas as imagens em que ele se reconhece, imagens pregnantes.

Se vejo esta jarra e digo: vejo esta jarra como uma imagem pregnante, em que caso esta jarra seria uma imagem pregnante? Ela seria uma imagem pregnante se eu dissesse prontamente: "esta jarra tem uma forma curva e me faz pensar no corpo humano"; ou se eu dissesse — segunda variante —: "gosto dela porque, quando a pego — ela tem uma alça, trata-se inclusive de um problema táctil, a coisa está em agarrar —, ela é igual à jarra de minha avó, com que ela servia suco no jardim", ou então, "desta jarra, gosto do barulho da água quando cai". Todas essas são imagens pregnantes, ainda que isso seja levado ao problema do som e do tato. O eu percebe todas as formas imaginárias, sejam elas sonoras, tácteis ou, sobretudo, visuais, em que se reconhece.

Reconhecer-se não quer dizer que "isso é o mesmo que eu", mas que esse objeto desperta prontamente um sentido ligado ao eu. E sentido quer dizer: ajustar-me à imagem desse objeto, reconhecer na imagem desse objeto algo que está ligado a minha história, a minha impressão, a minha sensação.

Aí, o psicanalista dirá: esse sentido é sexual. Pode-se aceitar isso ou não, mas, quando as coisas se apresentam de maneira tão clara, muitas vezes nos perguntamos se realmente é admissível dizer: "esta jarra me recorda um momento de minha história", e que isso tenha um sentido sexual.

Marco aqui a diferença entre dar conta de um fato e um problema da teoria. Não temos que nos deixar envolver pela teoria, é preciso sair, é preciso, muitas vezes, voltar ao sentido simples e comum do leigo. Trabalho sempre com um leigo a meu lado, para me obrigar a dar esclarecimentos mais corretos.

Um leigo dirá: "esta jarra não tem nada de sexual", e terei que lhe admitir que essa jarra, em algum momento de minha história, não tem nada de sexual; mas, psicanaliticamente, direi: esse sentido é um sentido sexual, e o eu é um ser sexual.

Um fato produzido pode evocar uma forma que, em si mesma, esteja ou não ligada ao prazer. Quando me olho no espelho e não me agrada uma certa marca em meu rosto, ou ele me parece agradável ou sinto repulsa, não importa, trata-se igualmente de um sentido sexual.

Pergunta: Quanto às imagens pregnantes em relação com o eu ideal... (inaudível)

Juan-David Nasio: Sua intervenção acrescenta mais um aspecto que eu não havia levado em conta: é o problema do eu ideal, que Lacan sempre distingue, e Freud o faz de um modo que nem sempre é claro.

Isso é interessante, Lacan diz que ele faz um jardim à francesa, quer dizer, ali onde Freud nem sempre é claro, Lacan marca caminhos, bordas, corta, separa, ordena, divide, um verdadeiro jardim à francesa, perfeitamente ordenado. E dizíamos que ele o faz não apenas com certos conceitos ambíguos, mas também que, no meu entender — peço que vocês o verifiquem —, comparando Freud com Lacan, este faz um trabalho de revelação e formalização dos paradoxos de Freud. Ali onde Freud cria paradoxos, antinomias que não são percebidas, Lacan as denomina de outro modo, assinala-as e as mostra realmente em sua natureza de paradoxo. Foi o que fez ao diferenciar o eu ideal do ideal de eu.

Quando você fala do ideal sexual, é preciso entender se isso é referente ao ideal do eu ou ao eu ideal em Lacan.

Eu diria: todos os conceitos do edifício teórico analítico, sobretudo os cruciais, são conceitos ligados ao sexual. Em última instância, a referência ao sexual — dito assim, vagamente — domina o campo psicanalítico. Quando estamos nesta casa que se chama psicanálise, há que concordarmos com o que está escrito na fachada: "Quem entra nesta casa aceita que o sexual determina, está no centro deste campo."

Às vezes, somos psicanalistas e temos idéias contrárias ao que define o campo analítico, e esse campo está definido pelo sexual. Há duas espécies de limites convergentes: um é o sexual — é uma palavra vaga, indeterminada, a ser precisada — e o outro é a linguagem. Tudo que está dentro do campo psicanalítico é determinado pelo sexual ou pela linguagem.

Vamos ao problema do ideal do eu e do eu ideal. É certo que o eu é um ser sexual; isso nos diz algo, mas ainda não é exato, e é o que quero esclarecer agora. Segundo: você diz algo mais, "ideal sexual". Eu diria: eu ideal. Lacan faz uma distinção entre o ideal do eu e o eu ideal. O ideal do eu, em Lacan, é uma instância simbólica, não exatamente referida a um elemento da realidade psíquica particular; é um elemento com uma constância que organiza, que dá coerência à ordem dessa realidade psíquica. É como um fio ordenador, um eixo diretivo que ordena a realidade psíquica.

O eu ideal, ao contrário, é uma expressão ligada ao campo do imaginário. O eu ideal está presente na relação do eu com a imagem, porque, quando o eu percebe a imagem pregnante, essa imagem está carregada — seguramente — de uma idealidade do eu, isto é, daquilo que eu espero. Quando não me sinto bem olhando-me no espelho, é em relação a um modelo ideal, o ideal imaginário — não simbólico —, o eu ideal. Lacan diz que o eu está sempre confrontado com o eu ideal.

O eu ideal é a dimensão esperada do eu, de se reconhecer como ele esperaria reconhecer-se. O que ele espera, o que ele quer, tem muito a ver com o sujeito suposto saber. É a suposição esperada do eu quando ele se reconhece na imagem. Isso é o eu ideal e essa é uma definição para o padrão deste seminário. Trabalhando em outras circunstâncias, eu daria uma definição mais precisa.

A princípio, o conceito de eu não me parecia um conceito ligado ao sexual, porque eu não havia entendido bem o que era o narcisismo. Quando alguém pensa que o narcisismo é amar a si mesmo, ele dá uma definição geral, boa, que até um leigo aceitaria. Mas, em psicanálise, amar a si mesmo não é o narcisismo.

O narcisismo, estritamente falando, e mais precisamente o narcisismo secundário, não é amar a si mesmo, é amar a si mesmo através das imagens, como amo meu sexo. O amar a si mesmo não é amar a si; esse si a que amo é meu sexo. Mas o si que amo não é meu membro sexual, o si que amo é o "eu sexual". O narcisismo secundário é amar a si mesmo através das imagens, amar a si mesmo como amo a meu sexo, amar a si mesmo entendendo que o si mesmo *é* o sexo. Porque o eu, aí, está identificado com o sexo. Claro, temos que definir o que é o sexo. Será que é o membro genital? Que é o sexo? Falta uma determinação precisa, mas já o narcisismo secundário não é simplesmente amar a si mesmo. Isso é muito importante em relação à neurose, pelo alcance clínico que tem. Quando está claro que o eu é um ser sexual e que o narcisismo é amar a si mesmo enquanto o si mesmo é um ser sexual, entende-se por que o neurótico é alguém que se defende desesperadamente para preservar algo, entende-se porque o neurótico quer desejar e, ao contrário, rechaça o gozo.

Que é um neurótico? Eis uma definição de algibeira: um neurótico é aquele que preserva, que se desespera para deixar intacto seu eu sexual, ou seja, deixar intacto o eu. Digo que é de algibeira porque, se estivéssemos trabalhando o desejo, por exemplo, eu teria dito as coisas de outra maneira. Aliás, dois anos atrás, quando fizemos o seminário sobre as "Formações de *a*", eu disse que o neurótico é aquele que preserva desesperadamente o desejo, porque não pode nem quer ficar confrontado com o que seria seu gozo impossível.

O neurótico, então, preserva, luta por manter intacto seu eu sexual.

Muitas vezes, essa idéia aparece claramente ao escutarmos alguns pacientes, por exemplo, do tipo obsessivo, que são pacientes às vezes difíceis, porque estão numa postura reivindicativa, crítica do modelo da análise, dubitativa, que ficam, que vão embora, que às vezes fazem um *acting out* etc.; são situações em que sempre me surge essa maneira de pensar o eu, como eu sexual que está preservado.

Que quer dizer preservar o eu como sexual, e que é isso de o eu ser sexual?

Tudo isso parte da idéia do Édipo e da castração.

A castração é uma operação, uma ameaça, cujo objeto ameaçado não é o membro sexual; o ameaçado no menino é a qualidade fortemente investida e imaginária do membro sexual. Não se ameaça o pênis, mas sim um certo pênis imaginarizado, fortemente investido. E o que é ameaçado na castração é esse membro sexual, que já não é sexual. O lugar do membro sexual é um lugar muito carregado, com uma grande carga afetiva, diria Freud, com uma grande carga imaginária, ou seja, é o falo imaginário.

Esse pênis, carregado de forte tensão imaginária, chama-se, na teoria lacaniana, falo imaginário; o objeto da castração não é o membro sexual, é o falo imaginário. O eu é um ser sexual na medida em que se identifica com o falo imaginário.

Lacan teria dito, numa frase completa: o falo imaginário é o objeto de uma castração simbólica. Mas deixemos a castração simbólica; vamos ao falo imaginário. O objeto da castração é o falo imaginário, ou seja, não é o membro sexual, mas sim esse sexo que não existe como tal, que é simplesmente o lugar fortemente investido que se chama falo imaginário; tampouco é o falo simbólico. É com esse falo imaginário que o eu se identifica. Então, retomando a definição, o narcisismo secundário será: amar a mim mesmo através de imagens como amo a meu sexo, ou como me amo enquanto sexo, isto é, enquanto falo imaginário.

O eu é uma substância imaginária, são, antes de mais nada, imagens.

Segundo esclarecimento: não apenas são imagens — Lacan dizia que o eu tinha que ser entendido como uma cebola com cascas imaginárias, e eu acrescentaria: não apenas são imagens, como também no núcleo dessa cebola está o falo imaginário. O eu é um conglomerado de imagens e, no núcleo, no centro dessa cebola, está esse elemento que ainda não defini bem, esse objeto curioso a que chamamos falo imaginário, com o qual o eu se identifica. O essencial no eu é que o eu é, essencialmente, o falo imaginário. Isso tem grande importância para mim com respeito ao olhar.

Pergunta: (inaudível)

Juan-David Nasio: A questão da relação com a imagem, dando conta do movimento, é fundamental no problema do olhar.

Pergunta: Com respeito ao narcisismo secundário, eu entendia que ele devia se colocar no lugar passível de ser amado a partir do objeto, outro, semelhante. Gostaria de saber como isso pode ser relacionado com o que o senhor coloca. E, por outro lado, eu achava que isso supunha um ideal de perfeição, entendendo-se por perfeição esse ser passível de amor, de ser amado pelo outro... encontrar-se vinculado à demanda do outro de forma constante. Esse é o drama do neurótico.

Juan-David Nasio: Há várias coisas aí. Primeiro, o semelhante. Para nós, o semelhante é um dos melhores exemplos de uma imagem pregnante. Qual é o melhor exemplo de uma imagem pregnante? Quando tenho diante de mim uma pessoa na qual, de algum modo, há um sentido que se articula. Esse sentido, às vezes, toma a forma do amor, de uma relação de amor ou ódio, depende, mas, na realidade, a primeira imagem pregnante, aquela que o eu seleciona em primeiro lugar, a que se presta melhor, é a imagem do semelhante, do outro, a imagem humana.

Na realidade, essa é uma distinção artificial. Creio que a imagem pregnante está no mundo das imagens, naquelas que são selecionadas. Quero dizer que a imagem desta jarra pode ter um efeito mais definido, determinante, do que o fato de o eu ver alguém. Por quê? Porque me remete à jarra da história etc., mas, é claro que o que mais se presta é a imagem do semelhante. Nesse sentido, a imagem do semelhante seria uma imagem da qual o eu se alimenta.

O eu se alimenta de imagens pregnantes, vive de imagens pregnantes, esse é seu alimento, é o que o compõe constantemente. Mas, nesse ir e vir, nessa circulação de imagens que vão e vêm, por exemplo, faço um gesto com as mãos, e isso é uma imagem do eu. Não é uma coisa estática, dura, rígida, é algo que está constantemente em movimento, que tem a ver inclusive com o sonoro, com o táctil. Quando toco, a maneira de sentir tem a ver com meu imaginário do eu, ou seja, o eu, enquanto se nutre de imagens, não é apenas aquele que vê. O eu se nutre de formas sensíveis, sonoras, visuais, formas imaginárias cujo sentido ele assume.

Com relação ao semelhante: o eu ideal é a relação do eu com a imagem pregnante, que não apenas pressupõe uma relação de concordância, de ajuste, de reconhecimento, mas que é também uma relação em que se está numa espécie de espera. O eu tem um ideal imaginário com o qual se compara; aí se articula o problema do ciúme e o problema da inveja. São todos fenômenos que podemos estudar nesse limite entre o imaginário e o simbólico, ou seja, no que Lacan teria denominado de o sentido.

O sentido, para Lacan, articula-se na relação do simbólico com o imaginário, e o que estou fazendo agora, sem dizê-lo, é falar desse limite, dessa zona entre o imaginário e o simbólico; estou-me referindo a esse aspecto, estou nessa região do sentido.

O sentido não é apenas reconhecer-se, o sentido não é apenas obter prazer ou desprazer, ódio ou amor na relação com a imagem; o sentido é também comparar-se com uma imagem esperada, e essa imagem esperada está implicitamente determinada, referida ao falo imaginário, ao eu sexual, ao eu como objeto sexual, como falo imaginário. Esse falo imaginário de que falamos é uma expressão que tem a ver com a potência ou com a impotência. Mas não estamos no campo do impossível ou do real, estamos ainda no campo do imaginário: primeiro pano, as imagens; segundo, imagens pregnantes; e abro o terceiro pano e constato que, no núcleo, há uma coisa particular que pertence ao imaginário e logo deixa de ser imaginário, que é o falo imaginário. Não sei se estou respondendo com exatidão. Você coloca questões relativas à demanda do Outro e ao neurótico, que prefiro deixar em função do que formos vendo. Mas é certo que o neurótico é aquele que se defende, tal como defende seu sexo; é aquele que se ama como ama a seu sexo; é aquele que se defende enquanto falo imaginário que é preciso defender, que é preciso proteger, preservar ou amar.

Pergunta: Gostaria de formular uma questão que não entendo. Quando comecei a trabalhar, acontecia-me muitas vezes surgirem imagens em mim, e eu as tomava por distração. Aos poucos, comecei a me dar conta de que não eram desprezíveis, e comecei a prestar atenção nelas; percebi que, quando conseguia pôr essas imagens em palavras, elas me serviam para a escuta. O senhor falou da significação inconsciente, e então, pensei na relação entre o sentido e a significação inconsciente, nessa união da imagem com o simbólico. Outra questão é a do sentido sexual, que todo sentido é sexual. Lacan diz que o sentido é sexual, mas é um sentido aparente. Para mim, isso é muito enigmático. Outra questão é a do eu ideal e a relação com as fantasias infantis. E eu gostaria ainda de dizer que essas imagens, as imagens que aparecem ao analista, tenho a impressão de que são semelhantes à formação dos sonhos.

Juan-David Nasio: Sim, claro, essa é uma primeira aproximação global. Se você quiser, poderemos deixá-la para amanhã, porque é mais ou menos o que eu pensava examinar no final deste trabalho: o analista e essa imagem que lhe aparece. Vamos ver como seguimos o curso da distribuição do trabalho, mas, em princípio, penso falar da imagem no analista, que foi o ponto de origem de meu interesse e minha inquietação pelo tema do olhar. Em Lacan, há uma diferença muito precisa entre significação e sentido. A significação também é um efeito; as duas coisas são um efeito, isto é, algo que surge num encontro de elementos. O sentido é o efeito que surge na relação do eu com a imagem e que se articula no encontro de dois sistemas: o imaginário e o simbólico.

Onde está o simbólico nessa relação do eu com a imagem? O simbólico está no fato de que para esse eu relacionado com a imagem, e para que esse reconhecimento do eu com a imagem pregnante possa ter lugar, é preciso que ele esteja imerso numa estrutura simbólica, é preciso que haja uma instância, que é o ideal do eu, do qual falávamos há pouco.

Vocês reconhecem o esquema óptico de Lacan. Entre outras leituras do esquema óptico está o fato de que o esquema óptico ilustra a relação do eu com a imagem pregnante, e esta é abrigada, determinada, organizada por um elemento simbólico, que é o ideal do eu. O sentido dessa relação imaginária do eu com a imagem pode ser um efeito, desde que essa relação com a imagem seja determinada pelo ideal do eu. Que outra situação haveria? Suponhamos, por exemplo, um esquizofrênico; um jovem com um problema faz um surto delirante: olha para sua mão e diz: "A mão está grande, eu a sinto grande, vejo-a grande, minha mão está grande" — o que é muito comum nesse tipo de afecções. Não posso dizer que haja um sentido sexual aí; eu teria que perguntar: essa é uma relação com a imagem da mão? É uma relação alucinada com a mão? Qual é o lugar da estrutura simbólica? Qual é o lugar do ideal do eu, nesse momento em que o rapaz diz: "Tenho a impressão de que estou com a mão e o corpo diferentes"? Que acontece aí, qual é a relação com a imagem?

Eu diria que é uma relação — seria preciso trabalhá-la, seria preciso pensá-la — que, de qualquer modo, não corresponde exatamente à definição rigorosa que estamos dando do sentido como sentido sexual, tomando como referência que o sentido é o efeito produzido na relação do eu com uma imagem pregnante, sob a condição de que esteja incluído num meio simbólico. Tradução de Lacan: o sentido é aquele que se articula na relação do simbólico com o imaginário.

Passemos à significação; a significação é outra coisa. A significação inconsciente, além disso, é uma expressão que eu hesitei em escrever, porque não me parecia a mais exata, mas, na primeira página, é difícil dizer exatamente o que se está pensando, isso pode ser feito perto do final. Escrevi significação inconsciente, mas a expressão exata seria: quando escuto, tenho uma imagem que surge quando escuto a significação inconsciente do que eu disse. Que é a significação inconsciente do que eu disse? É uma frase que merece correção: a significação inconsciente não está na significação das palavras, nem tampouco na significação inconsciente do sonho; não, a significação inconsciente, em Lacan, é sinônima de sujeito do inconsciente, é o efeito que se produz quando há um encontro, ligação, vínculo entre um significante e outro significante; ou seja, a significação é uma questão fundamentalmente do simbólico, é um efeito do simbólico. Essas são boas distinções para se poder entender. Evidentemente, não há significação como efeito do simbólico quando não estão dadas as condições imaginárias, as condições reais etc. da realidade psíquica. Quer dizer, teremos que completar toda a estrutura, os componentes da realidade.

Então, a significação é uma história, é uma questão do simbólico; o sentido é o efeito da relação do simbólico com o imaginário. Em suma, o eu não percebe indistintamente uma imagem qualquer, mas seleciona apenas aquelas em que se reconhece, e, ao se reconhecer, tem o prazer ou o desprazer de se amar ou se odiar, isto é, de criar sentido. É por essa razão que ver — não olhar, ver — é sinônimo de prever, de imaginar o que se espera; ver é sempre esperar aquilo que se vai ver; não há surpresa no ver, porque se trata de algo que se relaciona com o reconhecimento, e assim, nunca há surpresa no ver. Trata-se de estar sempre à espera de encontrar, na imagem das coisas visíveis e pregnantes, nossa própria imagem. De estar à espera de encontrar na imagem pregnante, na unidade da imagem pregnante, nossa unidade de indivíduo; de encontrar na distância que nos separa da imagem pregnante — o que chamei de alteridade —, de encontrar na alteridade o sentimento de que sou mais um, isto é, o sentimento de alteridade; e de encontrar, na relação com essa imagem pregnante, o prazer ou o desprazer que essa imagem nos provoca. Numa palavra, ver está ligado à relação do eu com as imagens e, em última análise, à relação do eu consigo mesmo enquanto ser sexual.

A visão do eu é, na realidade, triplamente falsa, triplamente enganosa. O eu se equivoca três vezes: em primeiro lugar, equivoca-se porque acredita que não é a imagem que ele percebe; nós dizemos: o eu é a imagem percebida. Segundo erro: o eu também não suspeita de que, no núcleo desse mundo de imagens que ele percebe — no centro dessa relação imaginária —, está o falo imaginário, isto é, sua própria essência; então, seu segundo erro é não saber, é desconhecer que ele é falo imaginário, que é ser sexual. Terceiro erro: o eu não sabe, desconhece que esse falo imaginário, essa essência sexual em que ele consiste, na realidade é uma imagem muito especial, pertencente ao domínio do imaginário, com uma película, com uma superfície translúcida que encobre, oculta, mostra, torna a encobrir o gozo — a libido, para falar em termos freudianos; já vamos trabalhar o problema da libido e do gozo —, uma película translúcida que cobre e recobre o gozo, que lhe dá luz e o anima. Que anima o eu como ser imaginário e anima esse gozo que mantém unidas as imagens refletoras, pregnantes, que o envolvem.

Repito, pois: o eu desconhece (1) que ele é imagem; (2) que não é apenas a imagem que ele vê, pregnante, mas que é também um ser fálico imaginário; e (3), terceiro desconhecimento: o eu desconhece que o que sustenta e anima esse mundo imaginário é um objeto, um gozo que está como que por trás, o que dá a essas imagens sua consistência.

Se voltarmos a nossa alegoria do espectador que está diante das cortinas, teríamos as cortinas do mundo em si, a cortina do mundo-imagem, a cortina do mundo imagem pregnante, a cortina de uma imagem especial — que é a imagem fálica, o falo imaginário —, e agora abrimos a cortina, a última cortina, se pudéssemos abri-la, e essa cortina é o fogo, é o gozo, já não é cortina, já é fogo: o palco está queimando, é o incêndio, é o gozo. Aí, já é como se estivéssemos numa relação com o real.

Passemos agora ao problema da fascinação. A visão não é o olhar; ver vai de nós para a coisa, isto é, do eu para a imagem da coisa; melhor dizendo, da imagem fálica que está em nós para a imagem da coisa; ver vai do eu — imagem fálica, falo imaginário — para a imagem da coisa. Olhar, ao contrário, é um ato provocado por uma imagem que vem da coisa até nós, sem que essa imagem seja a imagem desta ou daquela coisa visível, sem que ela seja sequer a imagem pregnante desta ou daquela coisa visível. Ver vai de mim para a imagem do mundo, imagem pregnante; olhar começa por uma imagem, uma imagem especial, é uma imagem deslumbrante, já não é pregnante, é deslumbrante, é uma imagem confusa, quase um clarão que nem se vê.

Ao contrário do ver, o olhar desperta fora de nós, é o resplendor intenso de uma luz intermitente, da reverberação de uma luz intermitente, de um foco luminoso intermitente, que não só nos atrai, mas nos confunde, que nos cega e dissolve o eu imaginário que somos. O olhar surge quando somos enceguecidos pelo ofuscamento de um foco de luz vibrante, irradiante, pontual; um foco de luz proveniente da tela refletora do Outro. Essa tela refletora do Outro pode ser o espelho, pode ser uma pessoa que tenho diante de mim, pode ser toda uma imagem global. A tela refletora do Outro, o Outro superfície no qual se refletem as imagens, é a cortina de que falávamos hoje, é todo o modelo do palco e das cortinas. É nessa tela refletora do Outro que surge uma luz que tremula.

O olhar, portanto, não nasce em mim, no eu, mas surpreende o eu. Primeiro, somos como que olhados de fora, somos como que despertados por essa luzinha que nos ofusca; atenção, digo que somos despertados e, na realidade, é preciso dizer as duas coisas: somos enceguecidos pela luz — o eu não vê mais — e, ao mesmo tempo, somos mais lúcidos do que nunca, no inconsciente. Há algo no inconsciente que se põe em andamento enquanto o eu está como que confuso, enceguecido, ofuscado, não entende. No entanto, essa chispa, esse ponto de luz vibrante, irradiante, intermitente, que me enceguece e que desperta um olhar interno, um olhar inconsciente — que já não tem a ver com o eu imaginário, posto que este fica enceguecido, não vê mais —, esse olhar inconsciente é um ato pulsional, é um movimento, é uma ação, se vocês quiserem, que não responde à chispa. Estes são aspectos difíceis. A chispa o desperta, olhar a chispa de fora da imagem refletora do Outro, da tela do Outro, desperta o olhar, mas o olhar em si não é uma resposta à chispa. Ou seja, é-se como o arco reflexo. O arco reflexo é uma estimulação, e eu faço assim e a excitação desaparece. Aqui, não; a chispa me estimula, mas o olhar não é uma resposta à chispa. Vamos fazer um esquema disso.

Então, o olhar não é uma resposta automática à chispa, nem uma reação que procura apagar o estímulo, como ocorreria no modelo clássico do arco reflexo. Não; o ato de olhar é um ato inconsciente, desencadeado por uma luz que provém do Outro, de fora, mas, quando se realiza esse ato, desenvolve-se um movimento fechado em si mesmo, traçado nas dimensões simbólicas e reais das pulsões inconscientes, e não mais no imaginário do eu.

Em resumo, a vista, a visão, apreende as imagens pregnantes, mantém essa relação contínua, sob a égide de uma única imagem nuclear, invisível e referencial: a imagem fálica ou falo imaginário. Isso é a visão, e o campo, aí, é fundamentalmente imaginário. O olhar, inversamente, opera quando uma luz exterior cintila, tremula e nos impede de ver; digamos assim: quando estamos cegos na consciência, olhamos no inconsciente. Essa frase retoma uma frase de Freud que alguns de vocês conhecem, e Freud, por sua vez — para minha grande surpresa —, diz uma frase que retomou de Janet, de Pierre Janet, que foi discípulo de Charcot.

Justamente, estudando o problema do olhar na histeria, interessou-me muito ler o que diz Freud, o que acontece na cegueira histérica, por exemplo; e, quando fiz isso, ocorreu-me ver Janet, uma vez que Freud cita Janet, e deparei com uma fonte riquíssima de experiências, de maneiras de pensar, e me dei conta de até que ponto muitas das postulações de Freud retomam posições de Janet; não quero dizer com isso que haja coincidências, mas é extraordinário ler Janet e descobrir muitas posições que logo aparecem em Freud, inclusive, às vezes, frases muito próximas.

Esta frase que cito agora — "Quando estamos cegos na consciência, olhamos no inconsciente" — está num livro de Janet; ele o diz quase textualmente, e essa é uma expressão tomada por Freud em seu texto *A concepção psicanalítica da perturbação psicogênica da visão*. Não sei se teremos tempo de falar do olhar na histérica, mas, em todo caso, Janet é uma fonte riquíssima para trabalhar esse problema.

Então, podemos dizer que o olhar não se confunde com a visão, mas é preciso a visão, até mesmo o grau extremo da visão, o grau de deslumbramento, o grau de ofuscação, o grau máximo de visão, para dizer: finalmente, aqui há um olhar.

Podemos afirmar, portanto, que, do mesmo modo que o inconsciente se atualiza nas falhas da linguagem, num lapso, por exemplo, do mesmo modo que o inconsciente está ali no lapso de linguagem, também o olhar institui-se nessas falhas da visão a que chamamos fascinação.

Repito: do mesmo modo que o inconsciente está no lapso, o olhar está nessa falha da visão, já não é uma falha da linguagem, é uma falha da visão a que chamamos fascinação. A fascinação é o modo como se atualiza, o modo como se manifesta a emergência de um olhar inconsciente. O olhar irrompe quando um resplendor fascinante recorta-se no fundo imaginário e estável da visão do eu. Mas, em que consiste essa imagem que fascina, em que consiste esse clarão? Que é essa imagem fascinante? Que é esse brilho capaz de concentrar em si toda a luz, de suprimir em seu favor as outras imagens visíveis? Tudo desaparece, todo o mundo imaginário desaparece, unicamente em favor desse foco luminoso. Que é essa imagem, que é esse brilho capaz de arrebatar o eu e fazê-lo perder tudo o que o caracteriza, capaz de fazê-lo perder o sentimento de alteridade, de unidade e de reconhecimento? Que é esse brilho onde vem surgir um olhar, e que outra imagem poderia ser ele, senão uma imagem transparente à luz, uma película transparente à luz, permeável à força luminosa da energia a que chamamos gozo, dessa película ardente pelo foco, que ela recobre? Não uma das muitas imagens pregnantes; essa imagem, esse brilho, não é uma das tantas imagens pregnantes referidas ao núcleo, ao falo imaginário. A imagem fascinante, o brilho que fascina é a imagem fálica, ela mesma diretamente exposta, sem a cobertura habitual das outras imagens comumente visíveis.

Ou seja, a experiência da fascinação é a experiência de estar confrontado com a imagem fálica, que aparece expondo a si mesma, dando-se ela mesma no que ela é, quer dizer, puro brilho, puro resplendor. Numa palavra, é a última cortina, essa cortina que tem uma imagem que cintila, essa cortina que estava por trás da cortina das imagens pregnantes, que tem uma imagem única, uma só, que estava no núcleo, que sustentava a relação com as imagens. É como se toda essa relação entre as imagens desaparecesse e fôssemos confrontados apenas por esse cintilar, esse ofuscamento, esse brilho que provém de um foco; e esse brilho, esse foco, do ponto de vista analítico, é o falo imaginário, tal qual ele é, sem a intermediação, sem as capas intermediárias das imagens pregnantes visíveis.

Ou seja, a fascinação é uma experiência limite, é uma experiência limite porque se produz no limite do imaginário. O eu já não é eu porque lhe faltam as imagens em que ele se reconhece, todo esse mundo imaginário desaparece, não há mais reconhecimento. E, no entanto, simultaneamente, o eu é mais eu do que nunca, porque se dá e se mostra em sua essência radical de ser ele, essencialmente — repito —, uma imagem sexual, um falo imaginário. É como se o eu, de repente, fosse dissolvido, e já não aparecesse senão enquanto brilho, ofuscação reverberante, intermitente. É aí que somos fascinados, ficamos fascinados, é aí que ficamos enceguecidos. E é nessas condições que surge o olhar. Quer dizer, a fascinação é um momento intermediário entre a visão e o olhar, entre a visão do eu e o olhar inconsciente, ou seja, entendamos que a fascinação é um modo pelo qual o olhar se atualiza. Seja como for, a fascinação já não pertence ao mundo imaginário, e ainda não pertence plenamente ao que poderíamos chamar de mundo do real, dimensão do real; a fascinação é um dos modos da fantasia. Estamos no limite do imaginário, é preciso toda a estrutura simbólica para que isso seja possível, e estamos quase que confrontados com esse elemento nuclear, esse fogo, esse incêndio que está por trás do falo imaginário — a libido, diria Freud, e eu disse energia —, digamos, mais exatamente, o gozo do objeto.

Como se explica o poder de fascinação dessa imagem fálica? Como se explica o fato de que esse brilho nos fascine tanto? Por que esse brilho reverberante nos fascina?

É aqui que eu gostaria de citar Heidegger. Há uma frase belíssima de Heidegger, tirada de um livro chamado *O princípio da razão*; é um livro pouco lido, mas nele, Heidegger trabalha muito o problema da visão e diz o seguinte — traduzi-o à minha maneira do francês, não encontrei o texto em espanhol, se vocês o encontrarem, verifiquem se está correto —, traduzi-o assim: "Ver algo e captar propriamente com o olhar aquilo que se vê são duas coisas diferentes"; esse é um artigo antigo de Heidegger; Heidegger também já está dizendo que ver se distingue de olhar. Captar com o olhar quer dizer, aqui, penetrar com o olhar naquilo que, da coisa vista, seu olhar apresenta para nós, isto é, conhecendo aquilo que essa coisa tem de mais próprio. É extraordinário que, em cinco linhas, esteja tudo concentrado aí — fazer um seminário para que, em cinco linhas, isso esteja concentrado de maneira tão bela. Essa frase me serviu para entender a fascinação. Ficamos fascinados porque esse brilho, essa chispa, essa centelha de uma luz lá fora nos olha, em primeiro lugar; dois, digamos melhor, ela desperta em nós um ato; três, e isso foi o que mais me interessou no texto de Heidegger, mostra-nos o que ela tem de maior propriedade. Ou seja, a luz me fascina, fascina porque o foco luminoso, fora, mostra o que ele tem de maior propriedade, e é como se o que ele tem de mais próprio remetesse ao que nós temos de mais próprio. Digo assim: como se a luz estivesse mostrando o fogo que queima essa imagem.

Novamente, é como se a imagem fálica, o falo imaginário, a luz intermitente, reverberante, estivesse tão queimada, tão vibrante pelo fogo que está por trás, e que é o gozo, que nos remetesse a nosso gozo, a nosso elemento mais íntimo, que já não é nem o eu nem o falo imaginário, mas é aquilo que é gozo em nós. Por isso é que digo que há fascinação. A fascinação é, em última instância, a experiência de estarmos confrontados com uma imagem que evoca o gozo de maneira tão pura que desperta o gozo em nós. Isso é a fascinação.

Lacan chama a essa imagem que encobre o gozo, que encobre o fogo, que o oculta e ao mesmo tempo o mostra de maneira luminosa, a essa imagem Lacan chama semblante, ou simulante — não sei as traduções que vocês fazem de "*semblant*" —, e diz, inclusive: o semblante do objeto. Dizer é semblante do objeto, ou seja: imagem que cobre esse lugar do gozo.

Se quisermos ser precisos, teremos que dizer: essa forma imaginária, essa imagem também significante — porque o semblante não é apenas imagem, é também significante — que oculta, que encobre o fogo, e que ao ocultá-lo o faz despertar em nós, é uma experiência limite, porque o imaginário já foi dissolvido. O gozo ainda não se mostra enquanto tal, porque não há gozo enquanto tal. Ficamos confrontados apenas com uma imagem ardente que desperta nosso próprio gozo, e que é, creio eu, uma das leituras possíveis dessa pequena citação de Heidegger.

Bem, se vocês quiserem, paramos por aqui e recomeçamos daqui a pouco.

Não vou fazer um resumo do que dissemos esta manhã; eu faria simplesmente o seguinte: primeiro, e para que vocês entendam, o papel que vocês encontraram na cadeira, essas folhas, essas fotocópias [p.118-26], correspondem à demonstração, à mostra topológica do que será o movimento da pulsão escópica. Peço-lhes que o esqueçam por um momento, creio que só dentro de meia hora — ou uma hora, mais ou menos — vamos dedicar-nos a essa questão. Essas fotocópias são das maquetes que estão aqui, atrás de mim, que alguns de vocês já viram, e daqui a pouco, na hora do intervalo, faremos com que vocês possam passar para vê-las aos poucos, e além disso, na tela, projetaremos essas mesmas maquetes.

Isso quer dizer que, com os papéis que vocês têm nas mãos, mais as maquetes, mais a projeção, creio que poderemos entender-nos a respeito do que é uma mostra topológica do circuito pulsional.

Proponho-lhes o seguinte: primeiro, quero recordar o fio que sustenta este trabalho que estamos fazendo juntos sobre o olhar, que é o que buscamos e onde queremos chegar; e segundo, antes de mais nada, antes de começar a desenvolver o ponto em que interrompemos, vou dar a palavra a duas ou três pessoas que me pediram para intervir e fazer perguntas, acho que é bom começarmos a tarde por essas perguntas. Antes disso, quero simplesmente recordar-lhes o fio que estamos seguindo, qual é nossa preocupação.

Na realidade, tratamos de abordar duas perguntas; a primeira pergunta é: como explicar, como pensar esse fato que ocorre na prática do analista, a quem, enquanto escuta, impõe-se uma imagem espontânea, imprevista, que está ligada, que atualiza de maneira plástica e escópica a significação do que o analista escuta? Não sei se responderei a essa pergunta, não sei se, depois que terminar o seminário, teremos dado conta disso realmente, mas, pelo menos, essa pergunta nos levou a trabalhar tudo isso que estamos fazendo agora e a nos dar, talvez, uma resposta parcial. Essa é a primeira pergunta, é isso que está no horizonte de nossa preocupação sobre o olhar; é a partir disso que surge a inquietação de saber o que é o olhar. Segundo eixo, segundo fio, segunda linha mestra que nos preocupa: definir o que é, que coisa é o olhar. Por ora, a única coisa que fizemos foi distinguir visão de olhar e, na realidade, falamos sobretudo da visão, chegamos ao ponto em que a visão se converte em fascinação, e interrompemos no momento em que estávamos esclarecendo em que consiste essa experiência da fascinação. Por ora, do olhar e do que é olhado ainda não abordamos a questão. Bom, é esse o quadro, o marco a que chegamos até agora; gostaria, antes de prosseguir com a fascinação, de completar este momento dando a palavra àqueles que me haviam formulado duas ou três questões.

Pergunta: (inaudível)

Juan-David Nasio: Isso corresponde a um ponto para o qual iremos avançando; até agora, pedi-lhes que aceitem diferentes renúncias, porque, quando alguém escuta, na realidade, para que se possa seguir uma linha, é preciso renunciar, e não apenas renunciar, mas também ir agregando novidades ou novas evocações. Por exemplo, falei há pouco da fascinação e dessa luz, desse foco pontual luminoso que ofusca o eu, que o dissolve, e no qual o eu é como que confrontado, não com sua própria imagem pregnante, mas com sua própria imagem fálica. O eu fica desnudo, falo imaginário frente a falo imaginário, o eu já é um eu desnudado em seu núcleo. Claro, imediatamente, diante disso, dito tal como o dissemos, à maneira de uma matriz, surgem imediatamente diversas evocações; escutei que alguém pensou no amor; é uma boa maneira de dizer, de explicar o que é a irrupção amorosa, o enamorar-se, a paixão repentina. Outra experiência do mesmo tipo, muito ligada ao erotismo, prende-se à obra de arte. Temos uma série de evocações que, a meu ver, são todas corretas; o que acontece é que, tal como a descrevi, estou descrevendo a matriz da experiência, que consiste nisto: chegamos à cortina da imagem fálica, do falo imaginário, e ali vimos que dessa imagem fálica cintila uma luz, que é a luz do gozo que essa imagem encobre, e que esse cintilar da luz reenvia, remete e até incita ao gozo do sujeito.

Falo aqui do gozo do sujeito; há muitas questões que digo assim, mas tive que partir da idéia de dois, de um diante do outro. Evidentemente, tenho que falar assim, por ora. É o gozo por trás do falo imaginário, o gozo que se incendeia nesse falo imaginário. A libido, diria Freud, ou o objeto, como diria Lacan, incita, desperta o próprio gozo no sujeito, no eu, que não é mais o eu imaginário; estamos numa espécie de situação limite.

Pois bem, ocorre que temos de ir ainda mais longe, eu gostaria que fôssemos mais longe. Faltam-me coisas para entender, realmente, por que ocorre essa fascinação. Que existe aí? Haverá algo mais — creio que podemos dizer "algo mais" — na fascinação? Que é que acontece que se insinua?

Já Freud, na *Psicologia das massas e análise do eu*, faz um estudo do problema do estado amoroso na hipnose. Lacan o retoma, e essa é uma das páginas mais conhecidas de Lacan, no final do seminário dos *Quatro conceitos*. Lacan também o retoma no Seminário 1, sobre a técnica, onde também fala da hipnose e fala do enamoramento. Em cada uma dessas variantes desses textos, seja o de Freud, sejam os de Lacan, chegamos à mesma constatação: esse momento de fascinação supõe que todas as imagens pregnantes concentrem-se nessa única imagem fálica, nessa única imagem pontual, brilhante, incandescente, deslumbrante; e ocorre, além disso, que não apenas as imagens, mas até as referências simbólicas, parecem convergir, todas elas, para esse ponto da imagem fálica. Lacan diz, seguindo Freud, que, no caso do enamoramento súbito, o que há é uma confusão, uma identificação do objeto com o ideal do eu; e não estou dizendo mais do que isso. Em outras palavras, estou dizendo: o ideal do eu, a estrutura simbólica que enquadra as imagens, a multiplicidade de imagens, tudo isso se converte, repentinamente, como que numa espécie de aspirador, é sugado por esse foco luminoso, onde a única coisa que predomina é a luz ofuscante e intermitente; é muito importante isso de ser intermitente. É uma luz, uma: pontual e intermitente. Aqui entra uma pergunta que alguém fez, mas que não responderei de imediato, em relação à obra de arte. Porque é possível que se diga: "Até aqui, nós o seguimos, mas, como o senhor explica que, estando frente a um quadro, num museu, eu me detenha diante dele, ele me agrade e, de repente, eu me veja como que captado, ante um quadro que não conhecia? — isso é muito importante, tem que ser algo que eu não conhecesse. E logo acontece mais alguma coisa, já não sou apenas captado, mas de repente, fico mudo de admiração; fico mudo, quase que paralisado." Tudo isso é muito rápido e, ao mesmo tempo, não o é, num único instante. É fulgurante. No momento em que começo a me aproximar, e me detenho e tenho uma visão geral. De repente, sinto-me como que inflamado pelo quadro, mudo de admiração, não há palavras, não tenho palavras, as palavras vêm depois, fico ofuscado, fico cristalizado! Você dirá: "Mas não há nenhuma luz no quadro, não é necessariamente um quadro com luz o que me fascina." Por que falar da luz? Então, vou para o seguinte: voltemos ao problema do quadro e do espectador diante do quadro — mas, desde já, estamos falando da fascinação e do foco luminoso pontual, intermitente, reverberante, e isso não tem por que ser efetivamente visível e, efetivamente, não se trata de que haja um quadro com uma lamparina ofuscante ou deslumbrante. Estamos pensando isso numa concepção matricial da experiência, não estamos dando conta de todas as realidades, porque, efetivamente, quando há uma paixão repentina diante de um homem ou de uma mulher, e não se entende por que se está enamorado, tampouco se vê um brilho e, no entanto, é-se como que atingido por uma flecha. Quero dizer o seguinte: a fascinação que descrevemos — da qual estamos, mais do que descrevendo, tratando de encontrar a estrutura —, essa fascinação é uma experiência que não tem, necessariamente, que se apresentar de fato com uma luz, com uma luz intermitente etc.; estamos dando a isso o caráter matricial; a partir daí, são muitas as evocações que dão conta dessa fascinação.

Pois bem, dizíamos há pouco, com Heidegger, que a imagem fálica fascina, não porque seja luminosa; fascina porque suscita em mim o gozo que ela recobre. Bem, mas, na realidade, isso não basta, eu gostaria de dizer mais. A imagem fálica, a imagem fascinante, não é o gozo, e sim a manifestação mais fiel, mais evocadora do gozo. Em termos freudianos: a imagem fálica não é a libido, é a evocação mais fiel, o véu mais próximo da libido. A imagem fálica fascina, não só porque mostra o gozo enquanto o oculta — oculta-o e o mostra como uma película translúcida —, não só porque suscita o gozo em nós, mas porque mostra o gozo de uma maneira muito particular, muito especial, e aqui vem o problema do movimento, que foi questionado hoje de manhã. Ou seja, a imagem fálica fascina através de um jogo combinado de luzes e sombras, refletidas nas dobras e nos franzidos ondulados da superfície em movimento. Quer dizer, a tela, o Outro onde aparecem as imagens pregnantes, e sobretudo o Outro, a tela do Outro, onde aparece essa imagem fálica, fascinante, não é uma tela inerte, dura, rígida, é uma tela em movimento e ondulante, como uma bandeira ao vento. Uma tela tão flexível que a imagem se move, dança e adota o relevo oco de uma fenda com bordas que se mexem, uma fenda com bordas palpitantes, com bordas que se tocam e se dilatam, como se fossem bordas ou contornos que batem com um bater cadenciado. Por isso é importante o resplendor intermitente, por isso é importante que a imagem fálica, imagem fascinante, nao apenas seja luminosa, não apenas seja pontual, mas seja sobretudo intermitente, e ela é intermitente como uma contração e dilatação, com movimentos cadenciados e rítmicos. Além disso, a tela do Outro não só é uma tela que produz imagem, essa fascinação pode até ser um tom de voz; é muito importante a fascinação pelo tom da voz. O gozo não é a voz em si, é a maneira de levar, de portar a voz. A imagem fascinante não só pode ser uma luz intermitente, como pode ser uma certa singularidade no timbre da voz, na textura da voz. Também pode ser uma certa qualidade do relevo sentido pelo tato. Não é necessariamente uma luz; essa fascinação não só se dá pela vista, mas é também uma fascinação que pode dar-se por toda uma forma imaginária que tenha essa qualidade de ser pontual, intermitente, contrastante, dilatante, rítmica, cadenciada; o movimento é muito importante.

Ou seja, a fenda de que falamos pode ser uma fenda luminosa, e pode também ser uma fenda sonora, ou uma fenda táctil. A imagem fálica, o falo imaginário, é uma imagem de natureza sexual. Chama-se fálica, não porque represente a figura de um pênis túrgido, não; a imagem fálica chama-se fálica porque restaura em seu movimento rítmico as alternâncias de luz e sombra, as pregas, franzidos, vibrações sonoras, os movimentos ondulantes, restaura com todas essas alternâncias a forma fendida de todos os orifícios erógenos do corpo. A imagem fálica chama-se fálica porque é de tipo orificial.

Esse eu que mencionei há pouco, esse eu é um falo imaginário; esse falo imaginário, essa imagem fálica que estava no centro da cebola do eu, esse centro fálico, não é simplesmente um pênis túrgido, não é a imagem de um sexo túrgido, mas antes a imagem de um orifício com bordas, de uma fenda. O falo imaginário tem a forma de uma fenda, é a forma significante de uma fenda, e tem o poder fantasístico de ser luminoso ou absolutamente obscuro.

Então, o que é muito importante, a imagem fálica é uma fenda, e penso que é por isso que fascina, pois creio que a forma de fenda reproduz a forma adotada pelo movimento de um véu quando ele encobre, adere e deixa transparecer o mais perto possível o gozo-objeto. Que significa dizer que essa imagem fálica que toma a forma de borda palpitante representa o gozo? Por que representa o gozo?

Primeira versão: sim, ela representa o gozo porque o gozo é como um fogo ardente que se ilumina através da membrana translúcida dessa imagem. Agora, somos mais exatos e dizemos: não, um momento, esse gozo, na realidade, está representando não apenas a luminosidade, mas está representado pela forma de fenda da imagem fálica; e por que a forma de fenda representa o gozo? Por que a forma de fenda está próxima do que é gozo? Porque a forma de fenda é a forma de todos os orifícios erógenos do corpo, são as bordas orificiais do corpo. A imagem fálica é fálica porque é orificial.

Pois bem, assim reduzida a sua matriz radical de fenda, a imagem fálica, rítmica, vai coincidir — aí está a fascinação — com os ritmos erógenos de nosso corpo. Até o meio-dia de hoje, servi-me de Heidegger para chegar a esse ponto, que teria sido difícil ver de outra maneira.

Ou seja, ela fascina primeiro porque ilumina, e, ao iluminar, suscita em nós o gozo. Agora dizemos isso de outra maneira: em vez de dizer "suscita em nós o gozo", que não é claro, prefiro dizer: a imagem fálica fascina porque o ritmo cadenciado da fenda dessa imagem coincide, concorda com o ritmo cadenciado dos orifícios erógenos de meu corpo. Há fascinação quando há coincidência de ritmos, de abertura e fechamento do orifício, quando há ritmo, quando existe o movimento de uma respiração que se dilata e se contrai. Por isso, creio que é muito importante pensar no movimento rítmico e também, portanto, pensar no tempo.

Há um problema com o tempo; a partir do momento em que falamos de movimento, estamos numa questão do tempo. Muitos de vocês conhecem textos de Lacan e terão percebido no que estou dizendo algo a que Lacan dá muita importância, o movimento de fechamento e abertura do significante, considerado como a borda dos orifícios erógenos. Então, definimos a fascinação, mais uma vez, como o acordo sonoro, luminoso ou táctil entre a fenda fálica — essa é a imagem fálica — e, por outro lado, qualquer fenda erógena; um acordo sonoro, luminoso ou táctil, rítmico, entre o ritmo da fenda fálica e o ritmo de qualquer fenda erógena.

Agora tomarei outra vertente. Estamos sempre nesse problema da natureza da imagem fálica, mas, antes de fazê-lo, quero perguntar-lhes se há alguma intervenção, alguma pergunta, antes de passarmos a outra coisa.

Pergunta: A referência à visão e à luminosidade coincide muito com os relatos dos místicos e com o tema cristão a respeito do gozo, e até as denominações do diabo, a imagem do mal, estariam no gozo

— Lúcifer, Luzbel —, ou seja, há uma preferência pela escolha do elemento luz.

Juan-David Nasio: Sim, falaram-me no intervalo sobre essa maneira de pensar a imagem fálica, que remete enormemente a Moisés, à visão da sarça ardente. Bem, vamos ver isso, pois é justamente o que me permitirá passar para o que quero dizer. Há um livro que lhes recomendo, editado pela Eudeba. A Eudeba tem a sorte de traduzir para o espanhol livros que a França, por exemplo, não traduz. Na França, traduz-se pouco, em comparação com o que se traduz aqui, e encontrei aqui mesmo, na Faculdade, um livro que é uma formosura, de Rudolf Arnheim, que se chama *Arte e percepção visual*, e que é um texto belíssimo, de um homem que trabalhou a vida inteira sobre o problema do que é a percepção, uma percepção diferente da que se considera do ponto de vista psicológico; ele se apóia muito na teoria da forma, na fenomenologia, para descrever a percepção visual. É claro que está longe do que estamos falando, mas ele comenta experiências, faz observações muito interessantes, e há um capítulo inteiro dedicado à luz, que é um belo texto sobre, por exemplo, qual é o lugar da luz nos quadros, nas obras de arte, na escultura, na pintura.

Pergunta: (inaudível)

Juan-David Nasio: O que a senhora me recorda é a referência ao texto de Freud sobre o fetichismo, onde Freud fala do brilho do nariz do paciente para explicar o que é o fetichismo. Também esse brilho está dentro do que estou dizendo, exceto que, ali, trata-se de um tratamento especial dessa luz fálica, porque ali ela tem um tratamento perverso. Se a senhora quiser, logo voltaremos a isso, primeiro, quero esclarecer o problema da luz e o problema da imagem fálica.

Até agora, que dissemos? Dissemos que a imagem fálica, ou falo imaginário, era o núcleo do eu; que esse falo imaginário é a imagem maior, referencial, invisível, a que se referem todas as imagens pregnantes. Dissemos que essa imagem fálica encobre, recobre como um véu o gozo — ainda não definimos o gozo, mas não faz mal, deixemo-lo assim, como fogo. Então, essa imagem recobre como um véu, esconde e revela o gozo. Dissemos, depois, que o importante para essa imagem é encontrar seu movimento rítmico de bordas, que podem ser bordas de luz e sombra, sonoras, tácteis, pouco importa, e que a tela em que essa imagem se reflete é uma tela viva, ondulante, são os seres, é o Outro que vive. A primeira tela do Outro é o corpo do outro, é o animal. Esse mundo é um mundo que se move, não é uma tela como esta.[1]

Última coisa: essa imagem fálica, rítmica, com todas as características que lhe demos, Lacan a escreve como um sinal algébrico, que é o menos phi (- φ). Phi é a primeira letra de "falo" em grego, e esse (- φ), o menos phi com que Lacan escreve em sua álgebra o falo imaginário, ou a imagem fálica, como a chamo eu, esse menos phi (- φ) tem uma explicação. Lacan chama-o menos phi, por quê? Porque esse falo imaginário aparece primeiro, na dimensão de um conjunto de imagens, como aquilo que se destaca, quer se destaque para mais, quer se destaque para menos. A luz, essa luz pontual de que falamos, brilhante, destaca-se a mais, porém eu também poderia perfeitamente ter dito que essa mesma imagem fálica é uma espécie de obscuro e profundo lugar opaco. Em vez de dizer um obscuro lugar opaco, e em vez de dizer que é uma luz brilhante, prefiro dizer: ela joga com a alternância da luz e das sombras, ou dos sons etc.; ou seja, essa imagem é uma imagem-fenda, tem a forma de uma fenda.

Lacan põe um menos antes dele para marcar o caráter que destaca essa imagem fálica do conjunto das outras imagens. Poderíamos dizer que essa imagem fálica está a menos, quando é obscura, ou pode até estar a menos quando é mais intensa, porém o que ocorre é que, esteja ela a menos ou a mais, essa imagem fálica exclui o conjunto de todas as outras imagens, como dissemos no fim da manhã de hoje. Ou, ao contrário, as outras imagens excluem esse lugar da luz ou da sombra, ou esse lugar do ritmo luz-sombra. Essa idéia de menos-falo vem de Karl Abraham. Abraham escreveu um texto citado por Lacan — no qual Lacan, a meu entender, inspirou-se no tocante a esse conceito —, que se chama "Origens e desenvolvimento do amor objetal"; esse texto se encontra num conjunto de

1 O autor se refere à tela instalada na sala. (N.Org.)

artigos intitulado *Desarollos de la libido*.[2] Nesse texto, Abraham diz o seguinte — está falando da histérica —: "A histérica, frente à imagem do outro, em particular o pai, ama todo o corpo do pai, exceto a zona genital, ou então, ama a zona genital e não vê o resto do corpo do pai." Numa palavra, a histérica, diz Abraham, ou vê o resto do corpo, e essa zona genital é um lugar obscuro que ela não percebe, ou percebe apenas a zona genital e não vê o resto. Isso é interessante, como vocês podem imaginar, pelas referências que temos em nossos pacientes sobre o problema do olhar furtivo, com respeito às braguilhas das calças ou a partes do corpo para as quais se olha como que passando depressa, e isso é visto como se fosse uma espécie de polarização dos olhos, em tal ou qual lugar.

Abraham o formaliza ao pensar na histérica, dizendo: "Ou se amam os genitais, com exclusão de todo o corpo, ou se ama o corpo, com exclusão dos genitais." Lacan, em vez de dizer assim, diz menos phi (- φ), que é o lugar do que Abraham chamaria os genitais; nós o chamamos de uma zona — dissemos isso hoje, no princípio — denominada de falo imaginário, e eu diria que se trata de um sexo tão densamente investido de imaginário, que acaba sendo o lugar, muito opaco ou muito luminoso, que sempre contrasta com o conjunto.

Essa expressão, essa grafia, menos phi (- φ) — phi (φ), pequeno falo, pequeno phi minúsculo de falo —, distingue-se do falo simbólico, que Lacan escreve: falo simbólico com phi grande, phi maiúsculo (Φ). É o phi maiúsculo do grego; o segundo designa o falo simbólico, e o primeiro, com minúscula, o falo imaginário.

Intervenção: (inaudível)

Juan-David Nasio: É interessante, porque, certamente, você também terá pensado na palavra "agalma", dos gregos — essa é uma questão que Lacan desenvolve no seminário sobre a transferência. Os gregos falavam do que se chama o agalma. "Agalma", na

---

2 O texto citado é a Parte II de "Breve estudo do desenvolvimento da libido, visto à luz das perturbações mentais", cap. III de K. Abraham, *Teoria psicanalítica da libido*, trad. Christiano M. Oiticica, RJ, Imago, 1970. (N.T.)

realidade, tinha muitos sentidos, é desse tipo de palavras que têm muitos sentidos, mas a maior parte desses múltiplos sentidos refere-se à idéia de um objeto precioso, tão radiante que acaba por cegar o espectador e lhe oculta seu valor de tesouro. Lacan diz que uma das variantes do agalma é o pequeno sileno que tem valor de tesouro, a caixa de Pandora; quando ela é aberta, há um clarão; o importante é que esse clarão cega e confunde quanto ao verdadeiro valor do tesouro.

Há um texto muito antigo, relativamente antigo — gosto de encontrar as referências em que Lacan se apóia, que nem sempre são manifestas —, há um antigo texto de um grande estudioso da história helênica, que é Luis Gernet, que escreveu um trabalho que deveria ser traduzido para o espanhol e indicado como bibliografia para o trabalho das questões ligadas ao falo imaginário, um texto que se chama "A noção mítica do valor na Grécia". Esse trabalho saiu na *Revista de filologia*, em outubro-dezembro de 1948, no volume 41, e é um verdadeiro texto sobre o conceito de agalma entre os gregos. Tenho certeza de que Lacan deve ter trabalhado muito esse texto, para poder propor o que propõe, em seu seminário sobre a transferência, acerca do agalma.

Observem que nossa preocupação é: que é o olhar? Logo depois do intervalo, retomaremos esta pergunta acerca do que é o olhar, e trataremos de dar uma resposta através e graças à topologia, ou através e graças a uma série de maquetes topológicas. Para que eu possa sensibilizá-los para o valor dessas maquetes, tenho que começar por fazer a pergunta que irá mostrar o valor das maquetes, e por isso prefiro pegar outro desvio, sempre levando em conta, partindo desse problema da relação com o falo imaginário. É um desvio mais clássico, mas que tem valor, pelo menos para a construção de meu próprio texto.

Eu diria o seguinte: vou me referir ao clássico, que são a castração e o Édipo. O olhar é um dos dois meios, um dos dois veículos através dos quais se exerce a ameaça de castração; um meio, um veículo, é o olhar, e o outro é a voz. É a voz porque o pai diz, enuncia, profere, grita um "não". "Não, você não se deitará com sua mãe." E diz também à mãe: "Você não reintegrará seu filho em seu ventre."

Numa palavra, a voz é o meio, é precisamente a matéria com que se materializa, se realiza, se efetua a ameaça de castração. É um "não" oral, vocal, é um "não" que entra pelo ouvido e que, ao entrar pelo ouvido, marca o ouvido com a erogeneidade; ou seja, a função auditiva se converte, através desse "não" do pai, desse "não" da ameaça de castração, numa função fálica, numa função erótica, em algo ligado a um desejo, ao desejo sexual.

Se vocês conhecem o texto de Freud, *As pulsões e suas vicissitudes*, estou falando do que Freud chama de apoio, ou seja, sobre a base de um orifício fisiológico nasce a pulsão. A pulsão apóia-se no erógeno do orifício fisiológico. Quer dizer, ele já não será mais um orifício para escutar, mas articula-se uma relação erógena com a voz que entra. E, com o olhar, acontece a mesma coisa; o olhar também é uma segunda maneira de veicular a ameaça de castração. As palavras do pai não têm nenhuma conseqüência quando não são complementadas por outra ameaça, veiculada, dessa vez, pela vista. Isso é o que diz Freud no texto sobre o fetichismo. Ele diz que é preciso haver a ameaça oral e mais a ameaça que vem pelos olhos. Qual é a ameaça que vem pelos olhos? É a de ver o corpo desnudo da mãe. Freud começa pela vista, mas termina pela mãe. A criança vê o corpo nu de uma mulher — estamos dizendo que a criança vê, estamos fazendo uma espécie de conto lógico, estamos fazendo um conto do mito —, ela vê o corpo nu de uma mulher; somente a ação coordenada dessas duas ameaças, auditiva e visual, provoca o efeito a que habitualmente chamamos "horror à castração".

Diga-se, entre parênteses, que existem muitas maneiras de resolver o problema da angústia de castração, do horror à castração, porém a mais importante é a simbolização, isto é, o trabalho do significante. A solução para a angústia de castração consiste em falar, em pôr em palavras, em pedir e em pedir amor.

Em outros termos, a solução para a angústia de castração é demandar — digamo-lo com outros termos —, é substituir um significante por outro, simbolizar, e por isso Lacan diz que a castração é uma castração simbólica. A castração é simbólica porque a castração é um processo de simbolização constante, em funcionamento a partir da angústia de castração.

Mas, vamos ao que nos interessa. A ameaça de castração se veicula pelo olhar da criança. Que coisa visual ameaça a criança no corpo da mãe, que é que a ameaça? O sexo da mãe? Não, não é o sexo da mãe que provoca a angústia. Que é o sexo da mãe? O sexo da mãe é uma falta; uma falta de quê? De um pênis? Será que o sexo da mãe é a falta de um pênis que ela deveria ter tido e não tem? O artifício para compreender o problema do falo, um dos artifícios, é pensar que existe o preconceito universal da criança de que todo o mundo tem pênis, ou seja, todo o mundo é provido dele, a mãe, o pai, qualquer um; todo o mundo é provido de pênis, isso é o que diz Freud, é o que ele chama de premissa universal. É claro que, quando uma criança vê o sexo da mãe, ela descobre que há uma falta, e o que falta à mãe não é o pênis real, o que falta à mãe é o pênis que ela supõe que a mãe deveria ter e não tem; e esse pênis que ela supõe que a mãe deveria ter tido coincide com o pênis imaginário que ela efetivamente carrega em si mesma, e que está ameaçado. O que ameaça é a constatação da falta, na mãe, de um pênis que ela deveria ter tido. Esse pênis, esse lugar da falta, é uma ameaça para o falo imaginário que a criança tem em seu corpo. Ou seja, o falo imaginário também não é o pênis real, é um pênis afetiva e imaginariamente carregado. Numa palavra, o que falta à mãe não é o pênis real, o que falta à mãe é um pênis imaginário, é um pênis que a criança havia pressuposto que a mãe tinha que ter. Mas, nesse caso, que é que ameaça a criança, que é que provoca horror na criança? A falta, não; o real da falta, também não. O que provoca horror na criança é que ela vê o corpo, de repente procura com a vista, vê o corpo, vê o falo, e procura sem saber o que está procurando.

Nós diríamos que a criança procura descobrir o lugar da falta e, de repente, constata que, em vez de ver o corpo da mãe, ela está deslumbrada com o lugar opaco do sexo, esse lugar opaco, peludo, da zona pubiana, como se fosse a ilustração mais alegórica. Isso a fascina e a paralisa.

Uma ilustração alegórica do falo imaginário é, precisamente, essa zona opaca no corpo da mãe, e, curiosamente, essa zona opaca no corpo da mãe passa a representar, para essa criança, não a falta, mas o véu que encobre a falta.

A zona obscura pode ser opaca ou luminosa, não importa; o importante é que essa zona a deslumbra e a fascina. Numa palavra, temos dois fatores na castração: aquilo que ameaça e aquilo que é ameaçado.

O que ameaça na castração é o (- φ) no corpo da mãe, é o falo imaginário no corpo da mãe, a zona obscura. E o que é ameaçado na castração é o (- φ) no corpo da criança, é a sensação de seu sexo afetivamente carregado. Isto que estamos dizendo repete de outro modo a história mítica do Édipo e da castração.

Temos um (- φ) à frente e um (- φ) atrás. Voltemos ao que dizíamos hoje sobre a fenda fálica: temos uma fenda fálica que nos deslumbra, que palpita, que lateja junto com o movimento cadenciado de nossos orifícios erógenos. Uma imagem fálica rítmica e a coincidência com as bordas erógenas de nosso corpo. Pois bem, essas bordas erógenas também se dão como uma imagem fálica e têm essa carga imaginária.

Para os leitores de Lacan, isso cria dificuldades, pois muitas vezes lemos (- φ) em Lacan e não entendemos bem a que isso se refere. Se é o (- φ) no Outro, se é no sujeito. Às vezes ele os mistura, e a coisa se complica ainda mais quando — por exemplo, nos *Quatro conceitos*, nos capítulos dedicados à visão — ele fala que o olhar é um (- φ).

Estou dizendo o seguinte: à frente, no outro, na mãe, está (- φ); aqui, na criança, está (- φ).

Outra dificuldade se soma, quando dizemos que é o olhar do corpo que se articula aí; porque já não é a vista — embora tenhamos dito que a criança vê o corpo —, mas a vista está aí. Agora, tiro a vista e há uma sombra que enceguece, ofusca o sujeito pela zona opaca. É aí que dizemos: o (- φ) na mãe ameaça a criança em seu próprio sexo, em seu próprio falo imaginário. E, para complicar mais, Lacan diz: "Sim, mas além do (- φ) lá e do (- φ) cá, há o olhar que vai entre este aqui e aquele lá, e isso também é (- φ)."

Por que dizer que o olhar é (- φ)? Proponho uma resposta possível. Diz Lacan: porque o olhar não se vê. Ou seja, (- φ) é a parte do corpo que nos enceguece enquanto luminosidade ou opacidade. O olhar também tem essa qualidade de não se ver; eu diria que, de todas as dejeções, de todos os produtos de nosso corpo, o olhar é o menos visto. Posso vê-lo no espelho, posso reconhecê-lo, mas nunca poderei ver o olhar.

Há duas referências ilustrativas do que é um olhar que não se vê. Uma referência é que, no espelho, posso ver-me, concentrar-me, e o olhar não se vê porque estou enredado no olhar; isso é da ordem do impossível: o olhar jamais se verá num reflexo. A outra alegoria, que mostra bem que o olhar é invisível, é a referência aos limites do campo visual. Posso ver tudo, exceto os limites de meu campo visual. Não posso ver os limites de meu campo visual, ainda que faça o máximo esforço. É preciso estar doente para poder vê-lo, é preciso ter um descolamento da retina. Os doentes que têm um descolamento da retina, justamente, passam a ver uma linha e, a partir dessa linha, não vêem mais, porém vêem o limite do campo visual. Numa palavra: não podemos ver o olhar nem os limites do campo visual; isso é outra maneira de dizer que não vejo o olhar.

O olhar não pode ver-se porque não tem imagem, não há imagem do olhar. Lacan diria: o objeto *a* não é especularizável, isto é, não tem imagem. Contudo, de todos os objetos *a*, de todas as dejeções do corpo — o seio, as fezes, a voz etc. —, o olhar, e talvez também a dor, são os dois tipos de dejeções corporais que menos se vêem.

Suponhamos o seio. Ele é um objeto que Lacan caracteriza como sendo o objeto oral. Posso ver esse seio e crer que o seio de que falamos em psicanálise é o seio do corpo de uma mulher; mas também não é desse seio que falamos, porque o seio tampouco tem imagem. Mas, ao dizermos seio, as imagens vêm facilmente. Ao dizer olhar, não temos nenhuma imagem, e esse caráter não visível do olhar é o que faz com que também possamos chamá-lo de (- φ). Numa palavra, e aqui termino pelo menos uma primeira versão, o olhar é a parte não visível do campo da visão. E esse olhar é o que circula, vai e vem entre o Outro, o falo imaginário do Outro e o falo imaginário da criança.

Se o olhar é não visível, se o olhar — diz Lacan —, de todos os objetos, é o mais evanescente, haverá algum modo de lhe darmos materialidade, poderemos ver esse olhar, haverá alguma maneira de pensarmos temporo-espacialmente o olhar?

Essa pergunta, que Lacan se formulou, é pertinente em relação a todos os objetos *a*. Existe algum modo de presentificar a voz, de presentificar o objeto anal, oral, o que é o gozo? Há algum modo de mostrar o que é esse fogo de que falamos hoje? Creio que há dois modos. Embora a resposta seja não, podemos, ainda assim, ver o olhar que não pode ver-se. Eu diria que há duas aproximações: uma é a topologia, e outra é a experiência de análise, isso que ocorre quando o analista tem essa ilusão de uma imagem escópica.

Terminamos esta primeira parte com uma pergunta: será que podemos pensar como a topologia pode aproximar-nos de definir o que é esse elemento não visível que é o olhar?

Falávamos há pouco de como visualizar o olhar. Começamos nosso caminho distinguindo o ver do olhar (sem realmente aprofundar esse conceito de olhar), através do momento da fascinação, onde o personagem principal é o falo imaginário ou a imagem fálica; agora, chegamos ao ponto em que não se trata apenas de diferenciar visão, fascinação e olhar, mas de querermos ver o olhar, e isso é impossível.

Pergunta: Que é que se fotografa num olhar, quando se fotografa? Fotografam-se apenas os olhos, ou será que há algo de articulação significante?

Juan-David Nasio: Isso me obriga a me referir a duas observações. Comecemos por uma observação simplesmente empírica. Essa luz que me ofusca está, às vezes, implícita num quadro. Não tem, necessariamente, que estar claramente numa luz vermelha ou branca; muitas vezes, vemos um quadro e não vemos nada disso. Um estudo psicanalítico de um quadro, à procura de resposta ao porquê de o quadro me fascinar, supõe que se descreva no quadro onde está o (- φ). Lacan fez dois seminários importantes sobre o tema do olhar: um, de 63/64, é o célebre seminário dos *Quatro conceitos*, onde ele dedica vários capítulos ao olhar; e depois, há outro seminário, de '65 a '66, que é *O objeto da psicanálise*, onde todo o percurso do ano de 1963 é retomado, à luz do problema do olhar. Lacan estuda nesse seminário um quadro de Velázquez, "As meninas". Sua preocupação, entre outras coisas — ele faz um trabalho topológico sobre a perspectiva —, apóia-se em descobrir onde está o (- φ) nesse quadro, onde está a luz que é capaz de fascinar o sujeito. E esse (- φ), Lacan o propõe em dois lugares do quadro: um, na janela, e outro, ligado à roupa da Infanta. Não vou me deter nisso; gostaria de lhes dizer, simplesmente, que, num quadro, a luz está presente, ainda que não seja vista.

Pois bem, tudo é um quadro, o mundo é um quadro, e por isso eu digo que a tela é o Outro. É o Outro que me reflete as imagens. Se uma pessoa se aproxima e eu a fito, se trato de fixar os olhos em seu rosto, eu sinto que ela me olha e me sinto como que apanhado pelo olhar; é muito importante, para isso, que haja um reflexo brilhante nos olhos. Ou seja, ali, a tela não é a pessoa toda, é a superfície corneal do olho. Um olhar do Outro para mim tem valor porque, nos olhos do Outro, reflete-se a luz que vem até mim com um brilho que me capta. Se alguém me cativa com seu olhar, não é simplesmente por um olhar com uma certa expressão nos olhos, é por esse raio de luz que vai até o olho dele e vem dos dele para mim. Há uma reflexão dessa luz; não posso dizer que alguém me olha quando não existe esse brilho de luz na superfície corneal. Olhar-me, que alguém me olhe, implica que se marque esse tipo de brilho. Se não houvesse luz, não haveria olhar, eu nunca seria cativado pelo olhar; é preciso haver luz, é preciso que essa luz se reflita como um ponto brilhante na superfície da córnea. E esse Outro, esse Outro da tela, é a superfície corneal dos olhos do Outro. Sem luz, não haveria olhar.

Segunda observação: quando comecei a trabalhar o tema do olhar, eu me fazia esta pergunta: como havemos de ver o olhar? Há fotos magníficas, há quadros. Dürer tem uma maneira particular, por exemplo, de desenhar os olhos. Há um Cristo de Dürer em que ele dá aos olhos uma carga melancólica, com o simples fato de lhes baixar as pálpebras, mas eles não teriam essa carga de tristeza e dor se não tivessem um certo brilho. Em geral, o desenhista o deixa sem marcar, em negro, sem desenhar, e é fundamental esse brilho nos olhos. Esses olhos não olham quando vocês não assinalam a luz.

É claro que posso dizer, como um bom psicólogo — às vezes podemos sê-lo e temos que sê-lo, penso que um bom psicanalista conhece os limites de sua experiência como psicanalista, e sabe reconhecer que há psicólogos que dizem coisas muito pertinentes e muito interessantes —, por exemplo, um bom psicólogo diria: "Como vou dizer que o olhar não se vê, se tenho a impressão, ao fitar esses olhos do Cristo de Dürer, de um olhar triste, tenho a impressão de dor nesse olhar?" Está bem, eu posso ter essa impressão, mas o olhar enquanto tensão, enquanto tensão do ato de olhar, enquanto gozo, enquanto aquilo que carrega esses olhos, isso eu não vejo. Vejo sinais disso, vejo uma luzinha que me olha, mas o olhar, não o posso ver, e menos ainda meu próprio olhar.

Terceira observação: esta já é uma observação teórica. Quando Lacan fala do objeto *a* (nome que coloca no gozo), ele diz fazer uma distinção — insisto muito nisso — entre as espécies do objeto *a* e o objeto *a* em si mesmo. O objeto *a* em si é uma instância que não tem nenhuma materialidade, nenhuma substância, não tem imagem, não se pode apalpá-lo, tocá-lo, ele não é especular. No entanto, tem espécies, e Lacan faz uma enumeração das variantes. A palavra espécie vem dos Escolásticos, dos filósofos que seguiram São Tomás de Aquino (e seguiram Aristóteles, que empregou o termo "espécie"). Para Aristóteles, a espécie é a forma sensível de uma coisa. Lacan, segundo entendo, retoma — ele não diz isso, é uma interpretação minha — a palavra espécie dessa corrente, e diz: há espécies do objeto *a*. Ou seja, o objeto *a*, coisa invisível, imaterial, abstrata, apresenta-se como: o seio, como objeto oral da pulsão oral; as fezes, como objeto anal da pulsão anal; a voz, como objeto invocante da pulsão invocante; e o olhar, como objeto da pulsão escópica. Seio, fezes, voz e olhar são formas sensíveis em que o gozo se apresenta.

Ocorre que dizê-lo dessa maneira dá uma conotação corporal ao objeto *a*, mas este não tem o que cremos que tenha quando escutamos dizerem isso assim. Por exemplo, quando Lacan diz que a voz é uma maneira de gozar, ele não quer dizer que seja uma voz sonora, é a voz do Outro que me fala e que se embute em minha voz. É a voz do Outro que me dita o que digo, mas não minha voz, o gozo não está em minha voz. Minha voz é a forma visível, apresentável, de um gozo que não se vê, a que chamamos voz. Ocorre que outros autores, por exemplo, Bion, também dizem isso — em psicanálise, nós usamos os termos com tal carga empírica e corporal que cremos que se trata do que o termo designa. A palavra voz não quer dizer que seja minha voz nem a voz da pessoa que fala comigo, mas é uma voz interna que escuto, que está presente. O mesmo acontece com o seio; não é o seio da mãe, não é o da pulsão oral, não é carnal, nem sequer é o seio alucinado; é uma maneira de dar nome a algo ligado à boca. E também com o excremento; os dejetos não são o objeto *a*, os dejetos são a forma que evoca o que é o gozo do orifício anal — gozo que se desprende —, um gozo ligado à retenção e à expulsão. O olhar não é o que vejo, não é fixar meus olhos num detalhe — como diria um oftalmologista. O olhar é um gozo ligado a um orifício. Na psicanálise ele é assim, e por isso é tão difícil precisá-lo, da mesma maneira que a voz é um objeto invocante, ligado a um orifício erótico, que é a glote.

Então, o olhar enquanto gozo, não podemos vê-lo. Posso ver olhos que me dão a impressão, que me fazem pensar que são olhos excitados, enamorados; posso fazer todas as interpretações, mas isso pertence ao campo da psicologia, da vida cotidiana etc. E pertence até ao campo da psicanálise, ao campo do psicanalista, quando, muitas vezes, ele tem uma impressão do rosto do paciente. Acho que é preciso estar presente e ter esse tipo de percepção ligada à vista, mas o olhar em si, como lugar do gozo, como energia, satisfação, isso não é visível. O seio enquanto objeto oral, quer dizer, enquanto gozo ligado à boca, ao orifício bucal, isso também não é visível, e o mesmo se aplica a cada um dos objetos. Então, o olhar, embora possamos ter evocações, o olhar em si, enquanto gozo do ato pulsional, não se vê. O olhar enquanto gozo não se vê, é como diz Lacan: o objeto *a* não é especularizável, nao tem imagem, o objeto *a* nunca é visto.

Contudo, somos obstinados, somos esforçados, queremos ver. Penso que o trabalho de Lacan com a topologia é uma pretensão vã, impotente, de querer enriquecer, de querer materializar no tempo e no espaço objetos, instâncias psíquicas invisíveis; essa é minha interpretação. De minha parte, tenciono, com essas maquetes topológicas, encontrar o olhar; se não a imagem do olhar — pois ele não a tem —, pelo menos os limites em que ela se recorta.

Antes de passar às maquetes, quero dizer-lhes uma última coisa: do mesmo modo que o seio é o objeto oral, e o gozo está ligado ao orifício bucal, da mesma maneira que o objeto voz é o objeto ligado ao orifício glótico (e a glote, portanto, é um orifício erótico), o olhar é o objeto que está ligado, não aos olhos, mas ao orifício palpebral, à fenda palpebral. Essa é uma pergunta que me fizeram certa vez: qual é a zona erógena do olhar? Freud não o diz em seu texto sobre *As pulsões e suas vicissitudes*. A resposta que me parece mais correta é o orifício das pálpebras, a fenda das pálpebras, que também pode ser a fenda da pupila. Na verdade, elas têm que ser bordas que se contraiam e se dilatem, que se abram e se fechem. A borda erógena é sempre uma borda que se contrai e se dilata.

Passemos à parte topológica.

O que lhes vou apresentar é parte de um trabalho em andamento, que se apóia na leitura de um texto de Freud, *As pulsões e suas vicissitudes*, através da lente dos textos lacanianos, que são: o seminário dos *Quatro conceitos* e o seminário *O objeto da psicanálise*. Estas maquetes e a maneira de ler o texto de Freud são algo cuja tarefa eu me atribuo. Não me preocupei em saber se são coisas que respeitam o que foi dito por Freud ou Lacan; isso é o que me pareceu necessário para manter uma certa coerência na demonstração. De qualquer modo, iremos trabalhá-las juntos.

Estávamos na questão de querermos ver o olhar, sabendo que ele não pode ser visto. Em vez de dizer "vejamos o olhar", poderíamos transformar a frase e dizer: "quero espacializar o olhar", ou melhor, "quero espacializar o gozo do olhar".

Num certo ramo da topologia — que é muito ampla —, os topólogos diferenciam mergulhar de imergir. Trata-se de um objeto, um vaso, suponhamos, uma espécie de pequena cuba com água, e de um objeto no ar. Tenho um objeto no ar em estado "A". Esse objeto no ar, eu o coloco dentro da água da cubinha, faço uma imersão. O topólogo irá estudar se o estado "A" do objeto, antes de entrar na água, e o estado "B" do objeto, na água, são equivalentes, se são objetos equivalentes. E ocorre que, no estudo do topólogo, este dirá: "Olhe, algumas vezes, quando você mergulha o objeto dentro d'água, ele é exatamente equivalente a seu estado inicial 'A', mas pode ocorrer que, se em vez de água for azeite, o objeto que você tem no estado 'A', ao ser introduzido no azeite, não seja exatamente equivalente ao objeto em estado 'B'. Ou seja, numa palavra, conforme o meio em que imerjo o objeto, constato que há uma perfeita equivalência entre o estado 'A' e o estado 'B', o estado submerso e o estado não submerso, e, às vezes, conforme o meio, constato que o objeto em seus estados 'A' e 'B' não é perfeitamente equivalente, eles são parecidos, mas não exatamente equivalentes." Os topólogos chamam de mergulho o primeiro caso (quando eles são equivalentes) e de imersão o segundo (quando não o são). A preocupação com o olhar é do mesmo estilo.

Agora, imaginemos que o olhar é um conceito abstrato, o invisível (- φ), gozo, energia. Quero introduzir esse conceito abstrato na água e, ao fazê-lo, ele assume formas visíveis, mais próximas; assume formas perceptíveis pela visão. Pois bem, no caso do olhar, o que vamos fazer é esse trabalho de imersão do olhar — objeto abstrato — na água visível. Vamos trabalhar três partes:

1. Vamos perguntar-nos: que é o ato de olhar?
2. Qual é o sujeito do olhar?
3. Que é o olhar como objeto?

Esses são os três capítulos que trabalharemos. Vamos ler o que diz Freud, partindo do texto *As pulsões e suas vicissitudes*. Freud coloca duas propostas nesse texto, quando fala da pulsão escópica. Diz ele: "O sujeito olha, depois se olha, e depois é olhado", e continua: "A pulsão vai descrever esse movimento em três tempos: 'olhar', 'olhar-se' e 'ser olhado'." Três tempos verbais para descrever três momentos, o caminho, o circuito da pulsão escópica. Imediatamente depois, Freud faz uma correção, dizendo que, na realidade, primeiro é preciso colocar o tempo que diz "olhar-se", depois "olhar", e terminar com o tempo verbal que diz "ser olhado". Há uma troca entre a primeira e a segunda posições. Por que essa troca? Porque Freud diz que toda pulsão é uma pulsão sexual (não do eu), e considera que toda pulsão sexual é sexual porque, primeiro, é auto-erótica. O auto-erotismo da pulsão é o que imprime a marca do caráter sexual da pulsão. E, na segunda parte do texto, Freud diz: "O sujeito 'se olha', depois 'olha', e depois 'é olhado'." Como se olha? O sujeito "olha-se" no membro sexual, e é nessa relação entre os olhos e o membro sexual que se articula o movimento auto-erótico da pulsão escópica. Lacan comenta que caberia acrescentar a esse texto que, quando o sujeito olha seu membro sexual, o membro sexual goza por ser olhado. Isso começa a se complicar, porque se dá uma autonomia ao membro sexual: o membro sexual não apenas é olhado, mas goza por ser olhado. Eu diria, pensando num livro de Italo Calvino, onde ele dá ao membro sexual do homem o valor de um personagem que o acompanha, fala com ele, olha-o, briga com ele etc., eu diria: então, o membro sexual não apenas goza por ser olhado, mas goza também por olhar o sujeito. E esta é uma observação clínica muito freqüente em nossa vida e na dos pacientes. É uma questão do ideal masculino, poderíamos dizer, em relação ao membro sexual feminino. Onde o membro sexual goza por olhar — não o sujeito —, já não se trata do olhar-se ativo dos olhos em direção ao corpo, mas é o olhar do corpo para os olhos. Numa palavra, na volta do circuito auto-erótico da pulsão escópica, não são os olhos que olham uma parte do corpo, mas uma parte do corpo que olha os olhos. Essa é uma modificação nos três tempos de Freud, "olhar-se", "olhar" e "ser olhado". Já há uma pequena correção: o olhar-se é um olhar-se do corpo, é um olhar-se da parte sexual para os olhos.

Então, vou fazer quatro modificações nesses três tempos de Freud: (1) Vamos trocar os termos que estão presentes nesse movimento. Freud fala dos olhos, do membro sexual e, às vezes, do outro (pessoa para quem olhamos e que nos olha). Prefiro propor que, em vez de dizer que se joga nesses três tempos (olhar-se/olhar/ser olhado) e que se joga entre os olhos, outra pessoa e o membro sexual, proponho colocar duas instâncias, dois elementos, dois planos, que são: o plano do eu e um segundo plano, que é o plano do Outro-tela.

Então, primeira modificação, prefiro dizer que há dois atores na pulsão escópica: o eu que vê e o Outro da tela. Entre eles produz-se o movimento do circuito da pulsão escópica. Uma vez estabelecidos os personagens, em vez de falar do olho, falarei da fenda palpebral, em vez de falar do membro sexual, falarei de fenda genital (sulco peniano, sulco vaginal), e, em vez de falar do pequeno outro, falarei do grande Outro, e neste incluirei algo que não está no texto de Freud, e que é que esse grande Outro também tem uma fenda genital, uma fenda, seja ela qual for. Numa palavra: no eu que vê, ponho a fenda palpebral e a fenda genital, e no Outro-tela, ponho a fenda genital.

A palavra, a expressão "fenda genital" é ruim. A esta altura do seminário, já podemos dizer sem problemas que se trata da fenda fálica, e não genital. Esclareçamos: coloco a fenda palpebral na criança, coloco a fenda palpebral nessa mesma criança, no mesmo plano dessa criança que chamo de eu vidente; em vez de colocar-lhe membro sexual, coloco fenda fálica. Tínhamos dito que, na criança, o objeto na criança não era o membro sexual, era o falo imaginário carregado, investido de imagem. Por isso é que esse sexo é, na realidade, uma fenda fálica.

No plano do Outro — em frente —, coloco também uma fenda fálica, do Outro, que é o clarão de luz, o foco de luz que ofusca e me fascina. Peço-lhes que confirmem, na etapa número um da demonstração [ver p.118 e 119], que aí temos os dois planos: o plano do eu vidente e o plano do Outro-tela.

Etapa número um: temos dois planos. Um plano do eu vidente e um plano do Outro-tela. No plano do eu vidente, tenho dois lugares (fendas): os olhos, que não chamo de olhos, mas de fenda palpebral, e o sexo, que denominamos de fenda fálica. Ou seja, o que chamamos fenda fálica, aqui, é o falo imaginário, (- φ). No Outro da tela temos o sexo, a fenda fálica do Outro. Essa fenda fálica do Outro foi o que elaboramos a propósito da luz na tela do Outro.

O circuito da pulsão, em Freud, começaria em "olhar-se" — circuito auto-erótico; "olhar", destinado ao Outro, e "ser olhado" — circuito alo-erótico. Se seguíssemos o texto de Freud, haveria uma troca no primeiro movimento, auto-erótico: em vez de pôr a ênfase, como diz Freud, no Outro, eu diria que o ponto de partida do movimento da pulsão escópica está na fenda fálica, onde está o sexo que olha. O início do movimento auto-erótico não começa nos olhos (olhando para uma parte do corpo), mas é uma parte do corpo que olha para os olhos.

Então, começo pela fenda fálica. A fenda fálica olha para os olhos, e os olhos, nesse movimento, olham para a fenda fálica. É um movimento fechado em si mesmo, que vai de uma parte do eu vidente e, dessa parte, volta para o ponto de partida. Aqui veremos duas espécies de dupla fenda fálica, e isso se deve a uma dificuldade de confecção da maquete, mas, na realidade, esta primeira curva nasce da fenda fálica, vai até os olhos e, dos olhos, volta para a fenda fálica. Para a criança, seria: o sexo a olha. Esse é o primeiro movimento auto-erótico que dá lugar à pulsão em seu caráter visual. Esclareço que esse movimento auto-erótico, em Freud, é mítico. Freud não considera que isso seja um dado da observação, da experiência. Freud considera que a fase auto-erótica da pulsão, que dá à pulsão a marca sexual, é uma premissa necessária a ela. É um conceito de coerência interna da teoria dizer que a pulsão necessita de um movimento auto-erótico.

Propusemos algumas trocas:

Primeira troca: os termos.
Segunda troca: modificar relativamente o movimento da volta auto-erótica.
Terceira troca: troquemos, agora, o tempo dos verbos.

Freud diz "olhar-se/olhar/ser olhado". Lacan propõe eliminar esses três tempos verbais (o tempo reflexivo, olhar-se; o tempo ativo, olhar; e o tempo passivo, ser olhado) e afirma: "Toda pulsão deveria resumir-se num único tempo verbal, que é: fazer-se olhar." Por quê? Isso é para marcar claramente que não há ativo e passivo. Lacan não gosta, não quer manter a caracterização freudiana de ativo e passivo. Ele acha que Freud jamais quis dizer exatamente ativo-passivo, e então, trata de substituir os tempos enunciados por uma única expressão: fazer-se olhar. No fazer-se olhar, não se trata de ativo-passivo. O sujeito, que de uma posição passiva passa a ser ativo o bastante para ser olhado, é ativo no "fazer-se", e é, por ser olhado pelo Outro, objeto passivo. Mas, justamente, fazer-se olhar está destinado a não distinguir ativo nem passivo. Na realidade, Lacan não utiliza nenhum dos três tempos. Resume-os numa única expressão.

Quarta troca: É uma modificação das dimensões. Em vez de indicar um movimento linear — observem o processo, a fenda fálica olha para os olhos, os olhos olham para a fenda fálica —, é a curva em vermelho,[3] é o primeiro tempo verbal, que é olhar-se, curva auto-erótica.

Segunda curva: olhar. Essa curva chega até o Outro da tela. A criança olha o falo imaginário do Outro, isto é, a fenda fálica, e a fenda fálica olha para ela. Olha para quê? Olha-a no centro do sexo. Na realidade, o que deslumbra não é o Outro, mas sim a parte sexual. Essa segunda curva é a curva alo-erótica.

Curva auto-erótica/curva alo-erótica. Essas duas curvas continuam uma à outra, são duas curvas contínuas e fechadas em seu conjunto. Esse é o movimento da pulsão, e todo movimento pulsional é sempre fechado.

Pois bem, acabo de fazer a quarta modificação, que é a modificação da dimensão. Isto é uma representação do movimento na dimensão um. Por que dimensão um? Porque é, simplesmente, uma representação através de uma linha, que é a maneira habitual de representar esse vetor, ou seja, uma linha em seta. Com esse vetor, represento esses dois movimentos, auto-erótico/alo-erótico. Vou transformar essa linha do movimento em dimensão dois. De uma dimensão numa linha, passo a duas dimensões numa superfície. Esse movimento pulsional, então, não é descrito, transcrito, ilustrado por uma linha, mas numa superfície; é isso que vamos fazer nas próximas maquetes. Deixemos isso por um segundo.

Há muitas questões que eu quereria dizer, mas gostaria que vocês dissessem alguma coisa: alguma pergunta, alguma observação?

3 Trata-se das cores dos diapositivos. (N.Org.)

Pergunta: (inaudível)

Juan-David Nasio: Há muitas coisas a esclarecer e melhorar nas maquetes. Vamos ao problema dos termos, à troca dos termos, que foi a primeira troca que fiz. Na realidade, por esse ponto de vista, toda fenda erógena é uma fenda fálica. Quero dizer que a fenda dos olhos é tão fálica quanto a fenda sexual, ou quanto a fenda do Outro; são modalidades de fenda fálica. Em última instância, eu poderia, já no primeiro esquema, ter colocado apenas duas fendas fálicas, a da criança e a do Outro. Coloquei a do Outro para marcar de maneira mais clara o caráter auto-erótico. Para dizer que, nessa volta auto-erótica, uma parte do corpo fita os olhos e os olhos fitam essa parte do corpo. Na realidade, progressivamente, a demonstração das maquetes irá resumir as três fendas, para se converter numa única fenda. Mas, no Outro da tela, pus a fenda fálica no meio, e, na verdade, posso dizer que falo imaginário, objeto da falta ou rocha da castração são a mesma coisa, não há diferença. Na pulsão, no Outro da tela, pus a fenda fálica no meio. Essa fenda fálica do Outro pode ser o sexo — que é o mais clássico —, mas pode ser o olho, o nariz, o brilho do nariz; pode ser muitas coisas. Não é preciso que seja o sexual, o membro sexual ou genital. O falo imaginário é tudo aquilo da tela do Outro que é intermitente, reverberante, capaz de captar e de fascinar.

Mais outro esclarecimento. Na verdade, esse circuito que tem duas voltas, auto-erótico/alo-erótico, é um circuito em que, por exemplo, quando estou diante de um quadro e me sinto impactado por ele, eu diria que, nesse momento de fascinação, esse é o circuito da pulsão. A fascinação é a modalidade, na clínica, decisiva, observável, do circuito escópico. Quer dizer, o circuito escópico se produz, se desdobra no momento da fascinação.

O mesmo ocorre em relação ao ato inconsciente. O ato não é inconsciente. O ato é a forma visível-audível-perceptível, em três dimensões, da língua em emergência inconsciente. Por isso eu disse que o ato é momento, é abstrato, mas isso não basta. Quero o status, quero ver esse olhar, quero pensá-lo materialmente, espacialmente — como se estivesse obstinado —, quero que o conceito tenha cor, que se precise. É uma tentativa que até Lacan fez. Então, digo: o olhar, como ato pulsional, é um conjunto abstrato que se atualiza pela fascinação.

Pois bem; esta é uma maquete que dá vida ao olhar; a primeira maquete [ver p.118] é a captação de um momento abstrato. Aqui se coloca uma interrogação: será essa maquete uma ilustração do ato de olhar, uma ilustração do movimento pulsional? Isso é topologia? Esta primeira maquete não é topologia. É uma maquete que não é o que se chama uma ilustração. Mas ocorre que a topologia, diz Lacan, é uma tentativa de formar conceitos. Num texto muito difícil de Lacan, que se chama *O aturdito*, a topologia não é um modelo ou uma série de conceitos, mas o novo status do conceito. Isso deu origem a muitas discussões. Como era possível dizer isso? Ele responde: é o novo status do conceito. É um status abstrato-material e temporal do objeto. É outra coisa. Voltaremos a isso mais tarde.

Então, volto à pulsão. Esta primeira maquete não é topológica, é a ilustração, em três dimensões, não de um conceito abstrato, como é o olhar, mas do circuito da pulsão escópica. Estou seguindo Freud. Mas ocorre que, seguindo Freud, vamos chegar a uma concepção topológica.

Fizemos as quatro modificações no texto de Freud. No tempo: os três tempos com um só verbo. Vamos fazer agora a modificação nas dimensões. Dissemos: a primeira volta é auto-erótica, a segunda é uma volta alo-erótica. Pois bem, este é o circuito da pulsão escópica, é o circuito do ato de olhar. Vamos ao ato. Ato inconsciente, pulsional, destas duas voltas: auto-erótica/alo-erótica. O importante é que esta volta começa no eu (no plano do eu vidente) e continua, fazendo a segunda volta pelo Outro-tela, até voltar ao ponto de partida, no plano do eu vidente. Quando o circuito da pulsão se fecha, podemos dizer que aí está o sujeito escópico inconsciente. O eu imaginário — o eu vidente — desaparece, para dar lugar a outra instância: o sujeito escópico inconsciente. É como o chamo. Sujeito escópico inconsciente. Isso é uma coisa que Lacan diz: somente com o fecho da pulsão aparece o sujeito inconsciente, não antes. Só quando a pulsão conclui seu trajeto é que há sujeito inconsciente. Que quer dizer isso? É uma primeira aproximação: o sujeito do inconsciente surge uma vez que haja ato, uma vez que o ato se consuma. Enquanto a pulsão não se fecha, não posso dizer que haja ato e, por conseguinte, que haja sujeito escópico. O sujeito escópico é o nome que damos para designar o efeito da experiência do ato de olhar. É preciso que se complete o circuito alo-erótico/auto-erótico, caso contrário, não há nem sujeito escópico nem ato. Eu diria que, antes disso, não há olhar.

Antes de passar à transformação de uma linha em superfície, quero dizer uma coisa; podemos dizer que o campo de definição do olhar é: o olhar como ato — são as duas voltas descritas — e o olhar como gozo. Daí teremos quatro definições:

1. O olhar se produz quando uma luz cintila e me capta.
2. O olhar enquanto causa, enquanto esteio do circuito da pulsão, é o que permite que o circuito se complete. Essa causa é, poderíamos dizer, o buraco que determina as duas voltas. Ali, defino o olhar pelos limites que o circundam. É uma boa definição.

Por que não mudar os termos, o vocabulário? Por que não chamar esse circuito de "circuito do desejo"? Por que não dizê-lo assim, seguindo Freud? Por que, que vem a ser o desejo? O desejo é uma atividade, uma ação, é uma linha — não estou falando do objeto, estou falando do desejo. O desejo é um impulso, é um movimento de discurso que não persegue nem procura alcançar um objeto inalcançável. Essa é uma alegoria ruim. Em todo caso, não é de Lacan. Quando se lê bem Lacan, o objeto do desejo não é inalcançável, não é a cenoura. O objeto do desejo é o objeto do desejo do Outro, por exemplo. São duas voltas que nascem no Outro e voltam para o Outro. Essas duas voltas têm um nome na teoria lacaniana: a demanda. Duas demandas, duas voltas, dois pedidos configuram um desejo. Para fazer um desejo, é preciso haver duas demandas. Podem ser uma e um milhão, mas, de qualquer modo, é preciso que haja duas. Então, o desejo é uma ação de ida e volta, de demanda que, quando se fecha — ali, nesse percurso —, chama-se desejo. Estamos no percurso da pulsão escópica. Quando esta volta-segunda volta se fecha — bem aí —, há o ato de olhar, há olhar e há sujeito escópico inconsciente.

Mudemos os termos: quando duas demandas se concluem e se fecham, existe um ato. Mas estamos em duas perspectivas diferentes: a da pulsão e a do desejo. Estamos designando coisas semelhantes por termos diferentes. Mas os dois termos estão presentes. Podemos legitimamente designá-lo das duas formas. O objeto do desejo, em Lacan, está no centro, e ao redor dele, o desejo dá voltas. Por isso é que Lacan diz que o objeto do desejo é excêntrico. Excêntrico, nesse caso, quer dizer que ele está centrado em relação à superfície de Moebius. Excêntrico ou excentrado, não está nem à frente nem atrás.

O mesmo acontece com o objeto da pulsão escópica: ele é excentrado nesse movimento que é o desejo.

Numa palavra, o que quero dizer é isto: tanto a pulsão escópica em seu circuito como o desejo — tal como o chamamos: desejo escópico em seu circuito —, quer eu o chame de desejo escópico, quer o chame de pulsão escópica, nos dois casos, o que determina o impulso do desejo ou da pulsão, o que o sustenta, é uma energia que se dissipa e que, ao mesmo tempo, permite o manter-se constante.

Continuaremos amanhã.

Juan-David Nasio: Há muitas coisas por dizer e, ao mesmo tempo, há perguntas, há muitas dúvidas. Como eu lhes disse ontem, é preciso haver ajustes nos conceitos, por exemplo, o problema do objeto *a*, do objeto do desejo, (- φ). São perguntas que vêm dos que são leitores assíduos de Lacan, do trabalho com seus conceitos. Este esclarecimento se destina aos que estão aqui hoje e não estão integrados no pensamento e na teoria de Lacan.

Dois grandes pontos:

Gostaria que chegássemos à definição mais exata possível do olhar, e isso, graças às maquetes e à topologia. Ou seja, no caminho da demonstração irá se filtrando a definição do olhar.

Já demos duas definições e restam mais duas a dar. Do olhar, tínhamos dito, em primeiro lugar, o olhar como ato de olhar, e depois, o olhar como gozo.

O termo gozo, eu não o defini, deixei que surgisse implicitamente em minhas palavras. Mas, digamos assim: o olhar como ato, o olhar como gozo, e digamos que as quatro definições do olhar são as quatro definições do olhar como gozo.

Depois, quero interromper no segundo ponto — grande ponto — que é o problema da prática do olhar. Ou seja, o problema do olhar na análise, na relação com nossos pacientes, e entender como pode produzir-se essa imagem plástica espontânea no analista, enquanto ele escuta. Isso, nós vamos deixar para o final.

Antes de retomar a demonstração das maquetes, quero fazer duas anotações:

1) Uma da ordem da filiação: quero esclarecer que o desenvolvimento que estou fazendo, como, em particular, a ordem das maquetes, acha-se situado nas teorias freudiana e lacaniana. Eu não poderia ter feito esse desenvolvimento sem ter o modelo e a estrutura da teoria de Freud e da teoria de Lacan, em particular a de Lacan, é claro. Mas, muitas ou algumas produções e termos, como "imagem pregnante", não são termos de Lacan. São termos dos quais eu me encarrego. Encarrego-me com toda a pontualidade que isso significa. Ou seja, com uma extrema prudência e, ao mesmo tempo, com a necessidade de propô-los. Não por capricho, nem por me afigurar fazendo uma contribuição pessoal, mas como uma necessidade que se percebe na medida da elaboração e do trabalho.

Por exemplo, isso vai ocorrer quando chegarmos à garrafa de Klein; alguém me perguntou ontem: "Como é que o senhor utiliza a garrafa de Klein para trabalhar o problema do olhar, se Lacan diz, num seminário, que o olhar se materializa, está presente no *cross-cap*, e a voz, na garrafa de Klein?"

Conheço muito bem essa frase; ela é dita no seminário *De um Outro ao outro*, sem nenhuma explicação, sem nenhuma justificação. É uma frase que foi retomada por Soury em seu seminário e que, depois, foi retomada por alguém num livro. A frase de Lacan diz: "O olhar está no *cross-cap* e a voz, na garrafa de Klein." Conheço muito bem a obra de Lacan: em nenhum momento ele explica ou justifica essa afirmação.

Pois bem, ocorre que, em minha própria demonstração, chego de um modo progressivo, prudente, o mais sério possível, à conclusão de que o olhar se encontra na garrafa de Klein, e não no *cross-cap*. E conheço muito bem o *cross-cap*; é um tema que trabalhei por muitos anos. Ou seja, este é um exemplo apenas para mostrar, apenas para dizer que, se há uma afirmação, uma proposição de minha parte, não é para eu me destacar no que diz respeito a uma filiação dos pais nem dos avós. É uma inferência de meu trabalho que passo para vocês, e que deve suceder-lhes quando vocês elaborarem um trabalho.

Há certos momentos em que vocês constroem um texto, uma proposição, e pode ser que as proposições a que vocês chegam não coincidam com as que tinham e nas quais se apóiam.

Às vezes, elas não coincidem com o conhecimento da obra que se tem, e às vezes não coincidem com a referência, e não têm outra coerência, outra dialética, outra lógica interna senão a lógica interna da construção em que vocês estão imersos. Porque isso não é uma construção que se decida. Este trabalho que estou apresentando é uma elaboração de dois ou três anos. É uma coisa que se vai criando progressivamente, corrigindo.

Estas maquetes foram feitas, refeitas, corrigidas, rasgadas, recompostas, recorrigidas. Há todo um trabalho para poder chegar a este seminário e, com as intervenções de vocês e minha própria experiência de dar conta dessas coisas, certamente ele mudará quando eu me puser de novo a trabalhar sobre ele.

Esta é uma primeira observação, na ordem da filiação.

Mais outra observação — e, dentro das observações, eu gostaria que algum de vocês me fizesse uma ou duas perguntas, pelo menos, para podermos criar um clima de trabalho em conjunto.

Segunda observação importante, feita com observações internas a nossa demonstração, que tem a ver com o problema da pulsão: eu lhes disse ontem que o objeto *a*, em si, é o nome que Lacan dá, com o qual ele escreve — já que se escreve com essa letrinha, é um nome escrito —, é o nome que ele dá ao gozo, a uma certa variedade de gozo, a um certo tipo de gozo.

Até aqui, vou definindo e não quero me deter muito. Simplesmente faço aproximações, ruins, mas aproximações. Eu disse energia, depois disse libido, depois disse satisfação. São aproximações vagas do objeto

E então: o objeto *a* é um dos nomes que designam uma parte do gozo. Mas o gozo não tem nenhuma imagem e não tem nenhuma materialidade. Não tem nenhuma ontologia, não é um ser ontológico, não tem substância. O objeto *a* é abstrato, como o termo energia. Se vocês perguntarem a um físico o que é a energia, o físico não dirá nada, ficará calado; sem responder com palavras, ele escreve uma fórmula e diz: a energia é isto.

Ou seja, a energia é uma fórmula, é uma substância abstrata, é uma letra, é um símbolo no cálculo da física. A energia não tem nenhuma definição. Posso pensar a energia em relação, por exemplo, ao problema do tempo: medir o tempo com a energia, fazer uma relação tempo-energia. Posso aproximar-me. Posso dizer que a energia tem tipos diferentes: energia mecânica, da luz, nuclear, muitas energias. Estas são variações, são variáveis da energia, mas a energia em si se define com uma letra.

O objeto *a* é do mesmo estilo. O objeto *a* é uma letra, e há que nos acostumarmos a pensar que o objeto *a* não tem nenhuma referência substancial. É uma letra, é um sinal algébrico, é uma constante, como a letra "i" dos matemáticos.

A $\sqrt{-1}$ é uma constante que, durante cem anos, os matemáticos e os geômetras utilizaram sem saber o que queria dizer.

O objeto *a* é a mesma coisa, mas tem modalidades na forma de se apresentar. Da mesma maneira que temos uma energia luminosa etc., temos o objeto *a* em sua apresentação oral, anal, escópica e invocadora. Tenho a voz, o olhar, as fezes e o seio. Aqui entra o que eu queria dizer-lhes.

Cada um desses objetos, dessas variações do objeto, tem duas referências. Lacan diz que há duas referências fundamentais para qualquer objeto pulsional ou "espécie do objeto *a*".

1) A referência à borda Outro, a referência à posição do Grande Outro.

Vamos à imagem infantil, vamos ao bebê com a mãe. Numa pulsão, o que importa é: (1) A que orifício do corpo está ligado esse objeto pulsional? (2) Em que situação está a mãe?

Em relação a qualquer objeto pulsional, tenho o orifício na criança e a situação da mãe. O orifício da borda e a posição do Outro. No oral e no anal, os orifícios são: no oral, a boca, e no anal, o ânus. E a posição do Outro no oral é a mãe, é aquela a quem se pede, a mãe está na situação de receber pedidos. No anal, a mãe está na situação de pedir. A mãe, no oral, está na situação de receber pedidos; em Lacan, isso é a demanda ao Outro. No anal, a mãe está na situação de pedir, é demanda do Outro. Não ao Outro, mas do Outro.

O objeto *a*, dito em sua espécie fezes, tem uma referência ao orifício anal e tem o Outro na situação de pedir. O Outro, ou seja, a mãe que pede à criança uma certa disciplina de educação da expulsão e da retenção. Retém-expulsa, expulsa-retém.

Esse movimento de retenção e expulsão, esse movimento que também se articula no orifício anal, é o que dá lugar ao gozo. O gozo se articula nessa contração e nessa dilatação do orifício.

Objeto oral: demanda ao Outro. A criança grita e pede à mãe que lhe dê de comer. Objeto anal: demanda do Outro; a mãe pede à criança que faça seus dejetos em tal ou qual momento.

Na voz e no olhar, as coisas são diferentes. Lacan não justifica muitas de suas proposições; dá-lhes corpo, mas é como se deixasse a nós a tarefa de fazê-lo. Por exemplo, em seu seminário *A angústia* — e também no *Objeto da psicanálise* —, ele distingue as quatro espécies do *a*. Temos, diz ele, a ordem escópica e invocadora; o olhar e a voz. O olhar e a voz são mais evanescentes do que o seio e as fezes. Está bem; evidentemente, a voz e o olhar são objetos menos palpáveis, menos apreensíveis do que o seio ou as fezes, mas seio e fezes não são os objetos que cremos que são. Eles são tão inapreensíveis quanto o olhar e a voz, mas se apresentam, têm formas intuitivas mais apreensíveis, são mais enganosos, fazem-nos crer que são coisas, quando, na realidade, todos são inapreensíveis, porque todos são como a energia, ainda que seio e fezes nos façam crer que são coisas que pertenceriam mais ao corpo.

Mas Lacan distingue esses dois pares de objetos — espécies do objeto *a* — e diz que a voz e o olhar são mais evanescentes e têm a particularidade de estar mais ligados ao desejo. Então, ele diz: enquanto o objeto oral está ligado à demanda ao Outro e o anal, à demanda do Outro, o olhar estará ligado ao desejo pelo Outro, e a voz, ao desejo do Outro.

Por que desejo, por que não demanda do Outro? Já que a palavra, como nos ensina Lacan, está sempre de permeio, por que não pensar que há sempre demanda em relação a estes dois últimos objetos, o invocante e o escópico, o olhar e a voz? Porque, na ordem escópica e na ordem invocante, o que se articula, o que desencadeia a pulsão, o que a faz circular, a própria circulação do circuito do desejo, não é uma demanda, não é uma palavra da mãe: "Ande, me dê isso!" Não é o grito da criança: "Quero comer!" Aqui, o olhar e a voz são silenciosos, quase não há palavras.

Com um quadro, acontece o mesmo. O quadro me deslumbra e não há palavras. O quadro me ofusca, me fascina, me capta nessa experiência de fascinação, nessa experiência quase silenciosa. Não silenciosa no sentido de não haver linguagem; silenciosa porque não há demanda, não há pedido formulado.

Com a voz, acontece o mesmo. Como? Não há palavras na voz? Não, não há palavras na voz, porque na voz não se articula a palavra do Outro que pede algo e é escutado. Não se trata da fala na voz. O Outro fala como que num murmúrio silencioso, fala quase que além do ouvido do sujeito. Como eu dizia outro dia: quando falo, a voz do Outro me fala. Não me apercebo disso, mas a voz do Outro está dentro da minha voz, está embutida em minha voz. Melhor dizendo, minha voz — a que vocês escutam — embute a voz do Outro. Às vezes, a voz do Outro está, e às vezes, não está. Há quem sinta bem essa voz do Outro e, em silêncio, a única coisa que eles fazem é mover os lábios. Eles movem os lábios, que não falam, e movem os lábios, movem a boca como se estivessem falando. É o Outro, ali ele está falando em silêncio, e a voz está presente. Essa voz é o objeto da pulsão invocante, não é a voz que vocês escutam, é uma voz que não se escuta.

Pois bem, no olhar e na voz, diversamente do anal e do oral, não está presente a demanda, está presente o desejo. Mas há algo no desejo que é o que chama a criar, o que faz com que o circuito da pulsão se desencadeie, o que excita; o excitante da pulsão invocante e da pulsão escópica é o (- φ), é a imagem fálica, o falo imaginário.

O que desencadeia a pulsão oral e anal é a demanda — não só desencadeia, mas se desencadeia e se conclui com a demanda. Ao contrário, na ordem escópica e na ordem invocante, o que está presente como elemento determinante, como excitação, não é que o Outro peça, é simplesmente que haja algo que fascina. Quer uma fascinação visual, como a escópica, quer uma fascinação auditiva. E aí, é muito importante a música, a melodia, a fascinação sonora dando lugar à pulsão invocante.

Esta é uma leitura de Lacan que quero que vocês confirmem, retifiquem, que concordem comigo ou não. No meu entender, Lacan não explica isso assim. Eu o faço desse modo, e me parece muito claro. O fato de, na ordem escópica e na invocante, estarmos mais perto do desejo não quer dizer que não haja demanda; sempre há alguma palavra. Se estou fascinado pelo quadro, termina a fascinação, volto a meu estado de lucidez normal e começo a falar, preciso falar, há que falar do quadro. A gente fica com vontade de falar com a pessoa do lado. O momento da fascinação chama imediatamente a palavra. É um produtor de palavras, um gerador de palavras, mas aí já não estamos na pulsão escópica, aí já estamos em outra coisa.

Esta era, portanto, a importância de minha demonstração da fenda fálica. Para mim, para meu modo de ver, a fenda fálica é o que seria a demanda na pulsão oral e na anal. E aqui, na escópica, é essencialmente a fenda do que está no Outro, e que determina o circuito pulsional.

Há muitas expressões — inclusive relativas ao objeto *a* — que Lacan emprega em sua obra, e algumas delas levaram até a que um homem como Moustapha Safouan, num seminário, dissesse: "Mas, olhe, não estou entendendo. O senhor fala de objeto da pulsão, objeto do desejo, objeto *a*. Eu estou perdido, não entendo nada!" E a resposta de Lacan não é muito clara. Continua-se, depois da resposta de Lacan, tão perdido quanto Moustapha Safouan [risos]. Evidentemente, isso não se resolve senão num momento, quando o trabalho, a prática do objeto lacaniano e do objeto freudiano é tal que se passa a entender. É como um quebra-cabeças: onde está a falha, onde está o lugar certo? Volto a encontrá-lo de um lado, de outro, até que, pouco a pouco, familiarizados e reconhecendo a estrutura lógica da teoria, vamos encontrando, entendendo. O (- φ), por exemplo; a questão do (- φ). Vocês lêem os cinco capítulos sobre o olhar nos *Quatro conceitos*, e o (- φ) — antes, eu não podia dizê-lo, digo-o agora por haver trabalhado longamente esse tema — é empregado com diferentes acepções. Não creio que Lacan tenha feito isso de propósito, deve ter acontecido como acontece com cada um de nós: estamos elaborando e, no momento da elaboração, o termo, o nome de repente desliza, passa a definir outra acepção, e continuamos trabalhando com ele. Em Lacan, o seminário é um espaço de elaboração. Lacan elabora, vai trabalhando e elaborando sobre o que disse. Por exemplo, com o (- φ) no olhar a gente se perde. É preciso ler o seminário das *Relações de objeto*, depois voltar aos *Quatro conceitos*, retomar novamente o seminário das

Relações de objeto, passar pelo seminário da *Angústia* etc., até conseguir confirmar, corroborar que isso está ali.

Um dos grandes deslizamentos está no conceito de objeto. Temos muitos nomes para o objeto. Se digo "objeto da pulsão", abro um campo de problemáticas diferentes de quando digo "objeto do desejo". Se digo objeto da pulsão, tenho que pensar (a) na borda da zona erógena, (b) na posição do Outro; (c) no circuito da pulsão; tenho que pensar na meta, na pulsação etc.

Se digo objeto do desejo, tenho que pensar na demanda, na relação do desejo — por exemplo — com o Outro. As perspectivas são diferentes e, de acordo com a perspectiva pela qual se aborde o tema, surgem elaborações e proposições diferentes.

O objeto *a* tem diferentes acepções. Digamos que é o termo fundamental com que Lacan designa o gozo. Na realidade, ele é uma variação do gozo, mas, evidentemente, essa designação do objeto *a* como gozo tem uma aproximação com o objeto da pulsão, e tem também uma aproximação com o objeto do desejo. Posso dizer que a voz é objeto da pulsão invocante, mas também que é objeto do desejo. Há que ver qual é a posição do Outro para determinar de que objeto se trata. Quando penso no objeto invocante, vou dizer que o Outro está na posição de ter um desejo do Outro. A voz se articula entre o orifício da glote, que também tem a ver com o ouvido interno, e a situação em que o outro está em posição de desejo do Outro.

O olhar, o orifício do olhar, é o orifício palpebral, e o Outro está na posição de receber, na recepção do desejo pelo Outro.

Na maquete, as setas marcam bem isso do desejo pelo Outro, ou seja, as setas do circuito vão em direção ao Outro. Nascem da fenda fálica da criança e do desejo pelo Outro, ou seja, o circuito da pulsão escópica é um circuito que está orientado para o Outro. Ainda que a primeira volta seja uma volta auto-erótica, a segunda é uma volta alo-erótica. Mas a seta do vetor é sempre em direção ao Outro. Nasce na fenda fálica da criança e terminam, as duas voltas, na fenda fálica do Outro. É um desejo pelo Outro. [Ver p.118 e 119]

Talvez, se tratássemos da pulsão invocante, nos víssemos obrigados a ter que dizer que as setas se articulam ao contrário. Deixo isso para vocês pensarem.

Pergunta: Poderia explicar a diferença entre causa e necessidade?

Juan-David Nasio: Já disse que a primeira definição do olhar é: o olhar é aquilo que se desprende. É quando algo titila no quadro, definição vaga e empírica que remete à fascinação. Segunda definição: o olhar é a causa ocasional, excêntrica, que sustenta e determina o desdobrar em duas voltas do circuito pulsional escópico. Eu tinha dito que a causa era excêntrica, mas, numa primeira aproximação, disse que ela está no centro das duas voltas. É como se o olhar estivesse no centro e sustentasse o circuito de duas voltas do circuito escópico. É a primeira maquete — p.118 — que vocês têm do olhar. Antes de chegar a isso, esclareço duas coisas: uma é como entender essa história de por que é uma causa. Habitualmente, a idéia mecânica de causa é a famosa bola de bilhar: uma bola empurra outra, então, diz-se que é uma causa mecânica. Como é possível que, no caso da pulsão, uma causa determine o circuito ao redor dela? Que tipo de causa é essa? Podem-se dar duas referências: a primeira propõe que uma energia, nesse circuito, se desprende. Desprende-se uma energia que se dissipa e que, ao mesmo tempo que o movimento progride, o vai determinando. Dissipa-se e determina o novo passo que dá. A palavra energia é ruim, é o gozo que se vai desprendendo e que, ao mesmo tempo, vai causando o movimento da pulsão.

Segunda aproximação: Henri Bergson diz que há três tipos de causa: há a causa mecânica — a bola de bilhar; há a causa que ele chama "por desencadeamento", quando se prendem papéis com um fósforo e eles se inflamam; a chispa do fósforo é a origem, é a causa do incêndio; e depois, diz Bergson, há uma causa por desdobramento. É como quando se aperta uma mola ao máximo, liga-se a mola a um cilindro e se deixa que ela vá se distendendo progressivamente; à medida que essa mola vai-se distendendo, o cilindro vai dando voltas. Ou seja, a energia que se perde pela tensão da mola determina uma nova relação energética, que implica o cilindro que dá voltas. Bergson chama isso de causa por desdobramento. Quando a descobri, isso me pareceu uma linda explicação para compreender por que o objeto *a* é causa do desejo, por que o objeto da pulsão ou o objeto *a*-causa do desejo é o desejo entendido como um circuito. O desejo é um circuito fechado, o desejo segue exatamente o mesmo tipo de movimento de circuito, em duas voltas, da pulsão. O próprio Freud — não foi só a Lacan que ocorreu chamar a pulsão de desejo — define o desejo, na *Interpretação dos sonhos*, como uma moção pulsional. Creio que essa é a primeira vez que ele utiliza a palavra pulsão. É um impulso, diz Freud na *Interpretação dos sonhos*. Então, o objeto do desejo não está ali à frente, na cenoura, nem está atrás; ele está, ele é, naquilo que sustenta o ato por dentro. É a causa do ato, mas por dentro — por dentro é uma maneira de dizer. Ele é a energia que se perde, é o gozo que se perde, é a tensão que se distende, mas que, ao mesmo tempo, vai criando a possibilidade de sustentar esse desejo. Causa ocasional, porque pode ser qualquer coisa. Freud diz que o objeto da pulsão pode ser qualquer coisa, o importante é o lugar do objeto, e esse lugar do objeto é o lugar da causa. E o lugar da causa por ser ocupado por um sapato, por exemplo, no caso fetichista.

Ponto número um: o objeto, causa ocasional, excêntrica, que determina o circuito do desejo pelo Outro. É uma boa definição, mas, como eu disse antes, não é a excitação. O objeto *a* não é (- φ); o (- φ) é o excitante da pulsão escópica. Se (- φ) é o excitante da pulsão escópica, qual é a diferença entre (- φ) e o objeto *a*? Eu diria que temos estas três instâncias:

1) O objeto *a* em si é abstrato, não tem nenhuma referência ontológica.

2) As espécies, as formas sensíveis do objeto *a*. Algumas delas nós já enumeramos, porém há mais outras, por exemplo: numa úlcera de estômago, também temos uma forma do objeto *a*. Eu mesmo fiz referência, num outro momento, ao pé de Bertolucci — o bailarino italiano —, porque também me pareceu que havia algo referente ao objeto *a*.[4]

Ou seja, o objeto *a* é um gozo-objeto, desde que tenhamos esses dois referenciais: uma borda e a posição do Outro.

Então, objeto *a*, espécie do objeto *a* e (- φ), falo imaginário, imagem fálica, luz que ofusca etc. Também tínhamos dito membro

---

4 Ver a "Quarta lição" de J.-D. Nasio, *Cinco lições sobre a teoria de Jacques Lacan*, trad. Vera Ribeiro, RJ, Jorge Zahar, 1993. (N.T.)

sexual, carregado de intensa afetividade imaginária. Na criança e na mãe, esse falo imaginário é a versão, é a capa, é o representante do objeto *a*. Não é a imagem do objeto *a*. É o que cobre o objeto *a*, no limite entre o real e o imaginário desse mesmo objeto.

Então, temos três instâncias: o objeto *a*, as espécies sensíveis e, em seguida, essa imagem fálica particular, que é o mais próximo do que seria o gozo, o que o cobre, o mostra, o que traz em si a iluminação do objeto *a*.

Freud diz que o impulso da pulsão é constante. Que quer dizer? A meu ver, que o impulso da pulsão é constante porque a pulsão está constantemente excitada; e está constantemente excitada porque a pulsão não responde nunca, verdadeiramente, ao estímulo que a desperta; nunca. A pulsão nunca satisfaz realmente o estímulo, e por isso a pulsão não é um arco reflexo. Ela é concebida em Freud a partir do arco reflexo, mas é uma modificação, é uma patologia, é um arco reflexo de tipo patológico. Por quê? Um arco reflexo constitui-se de um estímulo e uma resposta. Um estímulo estira o braço, e a extensão do braço é a resposta ao estímulo; aqui, o arco reflexo está completo. Na pulsão, há estímulo; aqui, o arco reflexo está completo. Na pulsão, há estímulo e não há resposta; na pulsão, há respostas mediatas, parciais. A alucinação, o sonho, a fantasia, a sublimação são respostas parciais, mas nunca absorvem, apagam a centelha, jamais. Por isso é que a pulsão é constante, porque está constantemente excitada. Essa excitação não é uma excitação externa, como diz Freud, mas sim interna. Está constantemente excitada e não responde à excitação, e por isso a pulsão é constantemente excitada e constantemente mantida, em qualquer idade da vida, por isso a pulsão é independente do corpo. Porque se pode estar doente, velho, ser um bebê de três dias, coxo ou cego, e a pulsão está sempre lá.

Essa é a concepção ética da pulsão em Freud. Para Freud, a pulsão está presente em nós, independentemente das modificações fisiológicas do corpo, da idade, independentemente de qualquer modificação da vida externa do corpo. Essa pulsão é uma pulsão fora do corpo. Não se deve pensar a pulsão no corpo, mas fora do corpo. Por isso é que Lacan diz que o objeto *a* — que estamos abordando na versão de objeto da pulsão — é um objeto fora do corpo, porque a pulsão, assim como o desejo, está constantemente insatisfeita. Quando Lacan diz que o desejo está constantemente insatisfeito, ele se apóia em Freud, na última frase da *Interpretação dos sonhos*, onde ele diz: "O desejo é indestrutível." Desde que nascemos até morrermos, há desejo, ainda que o inibamos, ainda que o esqueçamos, ainda que achemos que não existe, ele está sempre ali, em todas as formas que se pode expressar, porque o desejo é fundamentalmente insatisfeito. Dizer desejo insatisfeito é dizer: a pulsão é um impulso constante. Lacan pensou o impulso constante da pulsão e o traduziu numa tradução meio esquemática: "desejo insatisfeito".

Então, (- φ) é a excitação psíquica — diria eu —, a pulsão.

Aqui vem uma cilada. Eu lhes armei uma cilada. Progressivamente, mostrei-lhes o sujeito. O eu vidente diante da tela, dissemos, do mundo, das cortinas. Mas, agora, temos que dar um salto fundamental, difícil: a fascinação não está no quadro exterior, não está no brilho dos olhos da pessoa que me olha, não está na tampa da garrafa de vidro do hipnotizador, nem na cor que vejo nessa mulher de quem me enamoro... está em nós. É como se o (- φ) não apenas estivesse fora, mas também, de repente, houvesse (- φ) excitações psíquicas internas, e aí já há alguns problemas. Quando há fascinação, para que haja fascinação, não é preciso que haja (- φ) do lado de fora, é preciso que haja (- φ) dentro, com o qual se abre uma relação rítmica de fenda, de batimento cadenciado. Um certo ritmo da fenda erógena deve ser consoante com o ritmo da fenda de fora. Se vocês concordarem, eu lhes direi que essa fenda de fora, que concorda com a fenda de dentro, é, na realidade, uma única fenda. Esse é um salto que é preciso dar com os conceitos. Como dizê-lo de maneira mais simples? Por exemplo, a um leigo, eu diria: quando você quer alguém — a mulher que você quer, o homem que você quer —, na realidade, o que você quer não é essa pessoa, porque você não sabe muito bem quem é essa pessoa. Você a quer porque essa pessoa está como que entalhada, embutida num certo lugar do seu psiquismo. Amo alguém; não amo esse alguém, a pessoa está mesclada com uma instância psíquica na qual ela está como que entalhada. O mesmo acontece quando vejo um quadro e o quadro me fascina. O quadro não fascina igualmente a todo o mundo, há um quadro que fascina a mim, mas não a todos. Esse quadro fascina a mim porque há um acordo sonoro, táctil, luminoso de ritmos, na fenda, no orifício. Algo do quadro encaixa-se em minha matriz psíquica.

Freud cita isso num texto, eu lhes proponho que o leiam. É uma carta que ele dirige a Jung em 7 de abril de 1912; mais do que carta, é um manuscrito. Jung havia comentado: "Não entendo quando o senhor fala de fantasia e objeto fantasístico. O senhor quer dizer que há uma diferença entre objeto real e objeto fantasístico?" E Freud lhe diz: "Não, aqui o objeto real não existe, dever-se-ia dizer que não há nada além de objetos fantasísticos." Freud não o diz dessa maneira, mas vocês vão ver que, quando ele diz objeto, não se refere à pessoa. A pessoa vem instalar-se nesse lugar que nós chamamos objeto. Por que sofremos quando alguém morre? Será que sofremos porque não vemos mais o ser amado? Por que sofremos? Por que sentimos dor? A dor não surge por perdermos esse ser em si, mas porque esse ser separou-se de uma formação psíquica onde estava instalado. É claro que, na vida, tal como a vivemos naturalmente — mesmo que conheçamos todos os seminários —, vamos viver a dor como em qualquer outro lugar do mundo, mas essa dor é o desencaixe de uma pessoa que, em si, não sabemos bem quem é, e que não podemos chamar de outra maneira senão esta: ela é um lugar psíquico na relação que mantém conosco. Por isso mesmo, Lacan diz que só fazemos o luto das pessoas que estiveram numa relação fantasística conosco. Caso contrário, não há luto. Alguém pode morrer e não sentirmos absolutamente nada; mas, por quê? Porque essa pessoa que morre, que falece, desaparece, não está encaixada nesse lugar do psíquico, nessa representação, nessa matriz.

O segundo salto é o seguinte: é que a excitação não está fora, está dentro, e tivemos que dar um salto para dizer: o (-φ) nem sempre está no quadro e, se está no quadro, é porque, primeiro, está dentro. Mas, há que decidir dentro de quê. De que dentro se fala? Não está dentro de mim. Esse dentro da representação, da matriz psíquica, da realidade psíquica em que o outro se encaixa, na qual se encaixa no quadro, não está dentro de mim, em meu ser-entidade-viva. Não, a realidade psíquica não está em minha cabeça, isso é uma coisa em que insisto sempre. A realidade psíquica está na relação com o Outro. Com que Outro? Com o outro que se encaixa.

A análise, que é uma experiência de análise? A análise é a construção lenta e progressiva de uma realidade psíquica comum. O analista vai encaixar-se no lugar, na matriz psíquica do objeto.

Lacan, diferentemente de dizer as coisas como eu as digo, diz: "O discurso está lá." O discurso analítico é o nome que Lacan dá à forma, à formalização, à estrutura desse vínculo social em que se cria uma realidade psíquica na qual um dos sujeitos ocupa o lugar do Outro.

Então, o primeiro salto era dizer: a excitação da pulsão não está fora, está em nós; segundo salto: não em mim, mas na relação com o Outro. A realidade psíquica é uma realidade fora da entidade do indivíduo, não se deve pensá-la como incluída, tenho que pensá-la fora de tudo. Ou seja, Lacan dizia: o objeto *a* está fora do corpo, da entidade indivíduo, fora do espaço e do tempo cronológico. Está certo; podemos tornar isso extensivo, não apenas ao objeto, mas a toda a vida psíquica. A vida psíquica está fora do corpo, fora do espaço, fora do tempo. Há que nos familiarizarmos com o que não são paradoxos, mas quase que proposições anômalas. Proposições que vão quase contra o indivíduo, contra o eu. Só assim entendo que encontremos uma posição, uma boa maneira de ocupar essa posição.

Pergunta: Como o senhor toma a fascinação, como formação do inconsciente ou como formação do objeto *a*? Que diferença haveria entre fascinação e sideração?

Juan-David Nasio: Começo pelo segundo: não pensei em nenhuma diferença entre fascinação e sideração, eles me parecem termos similares. Não sei se o senhor mesmo pensou em algo. Parece-me que a palavra fascinação é a mais exata, que em fascinação está *facies*, e isso tem a ver com o rosto.

Quanto à fascinação — o senhor me perguntou ontem, e eu lhe pedi que o dissesse, porque é uma boa pergunta —, eu não havia pensado em como qualificar essa formação psíquica. A fascinação, efetivamente, é uma produção, uma formação psíquica em que estamos dentro do modelo normal — digamos —, especial, ordenado, do simbólico. Portanto, é uma formação estruturada no simbólico, mas na qual domina — não cheguei até aí —, na qual se atualiza, em sua tramitação, o sofrimento no olhar.

Então: a fascinação é uma formação psíquica, é uma manifestação — quase clínica, eu diria — em que surge o olhar.

Com mais precisão: a fascinação é a condição em que surgem o olhar e o sujeito do olhar. Sujeito inconsciente do olhar, ou sujeito escópico inconsciente do olhar. Isso tem a ver com a construção topológica que vamos fazer agora.

A fascinação é a atualização da formação produzida por recalcamento, porque na estrutura, a articulação, a ordem, é uma ordem que depende do Nome do Pai. É uma ordem simbólica ordenada como tal, mas em que o elemento sustentador é a relação do sujeito do inconsciente escópico, neste caso, com o objeto olhar. Portanto, eu diria que a fascinação é uma formação de objeto *a* produzida por recalcamento, e é nesse sentido que se aproxima do objeto fantasístico. Poderíamos dizer — creio que sem erro — que a fascinação é uma das modalidades de atualização da fantasia. Fantasia visual.

Pergunta: (inaudível)

Juan-David Nasio: O supereu é uma instância que tem a ver sobretudo com o som, com a voz. É voz silenciosa. O supereu tem a ver com a voz silenciosa do Outro. A voz do Outro que não é uma voz. O supereu não se faz com uma voz linda do Outro, não é uma voz organizada. O supereu não tem conformidade com enunciados do Outro que sejam vozes ou enunciados inteiros, são gritos, são frases malfeitas.

A lei, no sujeito que somos nós, impõe-se aos gritos. A lei nunca é enunciada. A lei entra aos gritos, com frases entrecortadas, com frases em que não se entende bem o que é que se diz. Tudo o que se entende é que o pai diz coisas como gemidos, gritos, coisas mal articuladas.

É curioso, a lei é perfeitamente coerente e organizada e, no entanto, nasce e se estrutura com enunciados cortados, interrompidos, esgarçados. Aí surge o supereu. Pois bem, isso não influi no sentido de que não possa haver um supereu que fascine. Que haja um Outro fascinante do supereu. O supereu também pode ser de origem visual, mas, fundamentalmente, o supereu que conserva uma estrutura ligada à lei, esse supereu está ligado ao desejo do Outro, isto é, à voz.

Como temos uma manhã muito longa, vamos interromper aqui, e depois continuamos.

O caminho, a trilha. Percorremos a trilha de nossa demonstração espaço-temporal que é a pulsão escópica, ou, como eu já disse, do desejo escópico, ou do desejo pelo Outro.

Primeira etapa da demonstração — recomeço. São duas voltas. Uma, auto-erótica, começa na fenda fálica e segue até os olhos [ver p.118 e 119]. A parte fálica, o falo imaginário, fita os olhos; os olhos fitam a fenda fálica; a fenda fálica olha para a fenda fálica do Outro, e a fenda fálica do Outro olha para a fenda fálica da criança. São esses os quatro passos, as duas voltas.

Primeira volta, auto-erótica; segunda volta, alo-erótica.

A primeira volta é fechada, não toca no Outro, não toca na tela do Outro; a segunda volta, sim, toca-a.

A primeira volta, auto erótica — recordo, então —, é a necessidade, e é uma premissa freudiana. Freud a coloca como uma premissa de toda pulsão, para caracterizá-la como pulsão sexual. Essa é a primeira maquete, que já vimos ontem, onde vemos as duas voltas [p.118 e 119].

Agora, vamos à segunda etapa.

Segunda etapa. Tínhamos dito ontem que fizemos quatro modificações no texto de Freud: a primeira modificação era uma modificação dos termos. A segunda modificação é a sucessão do movimento. A terceira modificação é o tempo dos verbos. Seguindo Lacan, em vez de haver três verbos, olhar-se, olhar e ser olhado, ele propõe: "Não façamos esses três tempos, façamos 'fazer-se olhar'." A quarta modificação é passar da linha, ou seja, desta demonstração num estado unidimensional — e é isso que de fato reinterpretamos do texto de Freud à luz do desejo de Lacan —, para que essa linha possa ser transformada em superfície, uma vez que, sendo a linha, como dissemos, uma linha que fecha primeiro uma volta e, depois, outra volta maior — contínua, duas voltas —, essa linha corresponde exatamente à borda de uma superfície, célebre hoje em dia, que é a banda de Moebius, a tira de Moebius. Sei que a maior parte de vocês conhece a banda de Moebius. [Juan-David Nasio recorta a figura no papel.] A banda de Moebius é uma tira criada por Moebius nos anos de 1880-1890. Uma banda de Moebius é um objeto que pertence a certo ramo da topologia; hoje, a topologia tem muitos ramos. A topologia é um tipo de geometria que existe há pouco tempo; comparada à matemática, é um bebê recém-nascido. Faz poucos anos que começou, aproximadamente na década de 1800, e começou de uma maneira muito interessante, com Riemann.

Riemann era um grande matemático alemão, que descobriu uma solução geométrica para um problema algébrico. Riemann estudava o problema das funções, ou seja, o problema da relação de um elemento com outro elemento, um elemento de um conjunto com um elemento de outro conjunto. Desculpem, os que conhecem bem o tema, porque vou dar uma explicação muito prosaica, muito grosseira, mas tenho que andar depressa. Esse é um tema que trabalhei em textos distintos, e neles, sim, faço-o em detalhe; vocês podem remeter-se a eles.

A Riemann apresentou-se um problema muito sério, por volta da década de 1800: como era possível que um elemento de um conjunto tivesse duas figuras, dois ecos em outro conjunto?

A solução que Riemann daria a esse problema foi uma solução geométrica. Ele era matemático e, quando chegou ao tema, ocorreu-lhe que a solução tinha que estar no espaço, na figura espacial. E ele foi o primeiro a fazer uma interpretação espacial de um problema algébrico de funções. Esses foram os primeiros passos do que viria a ser a topologia. É uma geometria nascida por um problema de álgebra.

A topologia é relativamente recente, nasceu quase como a psicanálise, na mesma época, talvez um pouco antes — 1820 a 1840. A topologia, que é um dos ramos da geometria, se caracteriza pelo fato — dito rapidamente — de que dois objetos são equivalentes na função, não por sua igualdade nas medidas — um objeto mede a mesma coisa que outro —, nem tampouco pela equivalência da projeção de um objeto em outro, mas dois objetos são equivalentes porque, apesar de suas formas diferentes, um objeto corresponde a outro desde que haja uma perfeita correspondência ponto a ponto entre um e outro. De modo que, por exemplo, se eu fizer uma volta dupla, essa volta dupla, para um topólogo, será exatamente a mesma coisa que se eu fizesse uma única volta.

Um círculo como o da primeira maquete é, para ele, exatamente o mesmo que se eu fizesse um círculo com uma única volta. Por quê? Porque, se tomarmos uma das duas voltas e tomarmos o círculo, cada ponto dessas duas voltas corresponderá a cada ponto do círculo. Esses dois objetos são equivalentes.

A banda de Moebius pertence a esse ramo da topologia. Hoje, dentro da topologia, a que mais se trabalha, a mais séria, é a topologia algébrica. Dentro da topologia algébrica, há um ramo derivado, que é a topologia dos nós, que foi a que Lacan trabalhou em seus últimos anos. E há outra topologia que hoje se trabalha muito menos — não digo que seja a pré-história, mas já é uma topologia histórica, os topólogos a trabalharam muito pouco, embora hoje ela seja retomada algumas vezes —, que é a topologia combinatória. Essa é a topologia da qual Lacan extrai os objetos topológicos, as figuras topológicas de que se serve.

Isso me obriga a fazer — antes de lhes explicar a banda — um esclarecimento sobre o problema da topologia. É que, na topologia trabalhada por Lacan — ele faz o mesmo com a lingüística e com a lógica —, ele não respeita exatamente o que essas referências significam em seu contexto de origem.

Por exemplo, a lingüística de Lacan é uma lingüística que não é a de Saussure. O significante que Lacan define como significante não tem nada a ver com o significante de Saussure; entre o significante de Lacan e o significante de Saussure há um abismo terrível.

O mesmo acontece com a topologia. Os objetos topológicos que Lacan trabalha não são objetos a respeitar em seu contexto topológico originário. Creio que é preciso ir aos objetos de origem, trabalhar muito seriamente a topologia, para depois poder reconhecer as diferenças do tratamento, um tanto particular, que Lacan dá a esses objetos topológicos.

Essa topologia, tal como Lacan a trata, eu a chamo topologeria, fazendo eco à palavra "lingüisteria" — empregada pelo próprio Lacan —, para mostrar que essa topologia, na análise, não é a topologia de nosso tema, que ela é uma topologia muito particular, muito especial, e aqui vêm as interpretações que tergiversam.

O próprio Lacan — e aqui me permito dissentir dele —, em muitos seminários, diz: "O que estamos fazendo é a pretensão de formalizar, de dar conta formalmente da análise, da experiência de analisar, de dar conta formalmente da análise. Por isso recorremos aos objetos topológicos, esses objetos topológicos vão contra a intuição e contra o imaginário."

Devo dizer que minha experiência me mostra outra coisa. Creio que esses objetos topológicos não vão contra o imaginário, mas modificam o imaginário. Eu não diria que esses objetos topológicos são a pretensão de cientificidade da psicanálise. O melhor que podemos esperar deles é que modifiquem nossa intuição, que nos obriguem a violentar a intuição, mas sabendo que a intuição não desaparecerá nunca. A intuição está ligada, justamente, ao falo imaginário, esse falo de que falamos hoje como (- φ). É o (- φ) que dá à intuição a força de ser um representante da imagem do corpo. Que é a intuição? É uma intuição fálica, e essa intuição fálica é poderosa, é difícil de violentar. Podemos forçá-la, podemos fazer algo assim como prepará-la, educá-la. Eu dizia há pouco que é preciso familiarizar-se, é preciso praticar, é preciso exercer certo tipo de proposições anômalas, para ter uma idéia da modificação. Quando digo isso, estou dizendo: ponham para trabalhar essa intuição fálica, façam-na se mexer, pratiquem-na, exercitem-na com proposições anômalas.

A topologia é uma enorme proposição anômala e supõe uma prática constante com os objetos topológicos, para se chegar a adquirir uma certa maneira de tratar os enunciados analíticos e a experiência do trabalho com os pacientes.

Numa palavra, enquanto Lacan diz "topologia para formalizar e para anular a intuição", eu prefiro dizer: topologeria para nos familiarizarmos com ela, praticá-la com as mãos, com a tesoura, com os papéis, com as maquetes, com as cores, tocá-la, vê-la, rasgar, cortar etc. Trabalhá-la com o corpo e, então, ver que a intuição não desaparece, mas se modifica. Muda de aspecto — não muito, pouco, mas há uma modificação.

Último ponto importante nestas observações preliminares: será preciso que o psicanalista conheça topologia? Será preciso fazer topologia para ser psicanalista? A resposta que dou é: se respondo que sim, que é preciso fazer topologia para ser psicanalista, é porque presumo o que quer dizer ser psicanalista. Temos que nos entender bem quanto ao que é ser psicanalista. Prefiro ser mais prudente e dizer: é preferível que o analista conheça, que se familiarize com os objetos topológicos. Primeiro com os que estão na obra de Lacan, nessa topologia psicanalítica, nessa topologeria, para ter um certo modo de escutar o paciente. Porque, por exemplo, se me disserem: "A realidade psíquica não está em nós, está fora da entidade indivíduo, está fora do espaço, fora do tempo e fora do corpo", muito bem, posso escutar isso, posso anotá-lo no papel; levo-o comigo, leio, releio. Mas, se pudéssemos retrabalhar essa anotação noutro campo, noutra disciplina, que é, por exemplo, a disciplina topológica, isso já assume uma outra forma, seja ela esta afirmação que acabo de fazer ou a que vocês pensarem. Por exemplo, esta afirmação de que, na realidade psíquica, não há dentro nem fora, nem tempo nem espaço, nem espaço tridimensional, nem espaço cronológico, nem entidade indivíduo. O trabalho com a topologia — por exemplo, com a garrafa de Klein ou com a banda — é uma maneira de recordar esse enunciado e de encontrar para ele uma forma material, espaço-temporal, de trabalhá-la com as mãos. É como se, de repente, a gente começasse a manipular o contexto.

Mas isso também não basta. O valor disso tudo é como o valor de toda a teoria, como o do seminário — eu disse isso ontem. O seminário não vale pela informação, não vale tampouco pelo intercâmbio dos esclarecimentos, o seminário vale pelo que eu lhes possa transmitir — no melhor dos casos, isso é o ideal; não é a informação, não são a correção e os esclarecimentos no sentido de um termo, mas o melhor que se pode transmitir é como se está posicionado, em que relação se está posicionado com a teoria. Isso é o mais importante, e isso é o que transmito — se puder —, é o que eu gostaria de transmitir. É minha posição com respeito à prática teórica e, por conseguinte, à prática clínica. Por quê? Porque essa posição em relação à teoria não é possível quando não há uma presença quase sem solução de continuidade com os pacientes. Que quero dizer?

Voltemos ao exemplo de há pouco. Realidade psíquica: nem dentro nem fora, e depois eu a vejo na banda de Moebius; a banda de Moebius me mostra essa realidade psíquica. É preciso estar praticando isso — como eu dizia — como um gladiador, como um desportista, para depois — quando se está sentado, sem pensar nem na banda de Moebius, nem no enunciado de um texto, nem no enunciado de um seminário —, estar na mais absoluta concentração ou despreocupação com a teoria e concentração no que o paciente diz. E a maneira de escutar a postura com que ocupo esse lugar, isto é, como eu ocupo esse lugar de escuta, faz com que eu esteja numa posição não orientável. Com que eu esteja numa posição em que não me seja difícil dizer-me que esse paciente não é outra coisa senão o que eu sou. Ou seja, que o paciente não está fora e eu dentro, ou que eu sou eu, ele é ele, e que o que ele diz lhe pertence e o que eu escuto pertence a mim. É como se o estar familiarizado com enunciados como esse, e mais a prática com a topologia, e mais entender qual é a função da teoria, me levasse a que, ao escutar um paciente, eu o escutasse sem fora nem dentro, como se estivesse familiarizado com um não haver dentro nem fora no que ele diz, no que produz ou se manifesta. Através dele — na realidade —, estou profundamente ligado, quase sem solução de continuidade, com o que seria supostamente meu dentro.

Esse é o primeiro valor que dou ao trabalho da topologia. É preciso saber topologia para ser analista? Eu digo: é bom conhecer, familiarizar-se com certos objetos topológicos, sentir-lhes o gosto. Penso que é um trabalho de "*bricoleur*"; penso que trabalhar como carpinteiro com essas coisas dá gosto a isso, e é preferível para o trabalho da escuta.

Segunda razão — e aqui termino e passo à banda de Moebius — muito importante. Lacan não chega a dizer que a garrafa de Klein ilustra o olhar; não. Não são modelos, não são aplicações, não são ilustrações. A proposição de Lacan é: "É o sujeito do inconsciente"; a banda de Moebius é o sujeito do inconsciente, no momento em que corto a banda. Não posso deter-me em por que isso é assim, mas todo trabalho com um objeto topológico é, no corte do objeto, no momento em que corto o objeto, no momento em que trabalho com esse objeto, é o sujeito do inconsciente. É o inconsciente.

Essa afirmação de Lacan — como eu também lhes disse ontem — foi debatida, continua a ser debatida, nunca é muito clara. E tive a oportunidade de estar num seminário de René Thom. Tive a honra de ser convidado para um seminário dele. René Thom é medalha Fields em matemática. Eu me propus ir a seu seminário para fazer uma exposição da topologia de Lacan. Primeiro, houve uma exposição e, no final dela, René Thom me disse: "Mas, então, quer dizer que para vocês, analistas, a topologia, essa 'topologeria' " — e ria, porque gostou muito dessa expressão — "é o material com que trabalham?" E assim me ocorreu esta frase: a topologeria é o ontológico do psíquico. Se houvesse alguma materialidade do psíquico, alguma matéria, seria essa topologeria com que trabalhamos. E foi assim que me permiti escrevê-lo num livro recente, numa nota onde digo: a topologeria é o ontológico do psíquico. Digo o ontológico do psíquico, embora saibamos que não existe o ontológico do psíquico; eu diria que, se houvesse algum ontológico do psíquico, então, seria essa topologeria.

Vamos a nossa preocupação, que é o problema da banda de Moebius. Ocorre que esse círculo auto-erótico e alo-erótico é, corresponde exatamente à borda da banda de Moebius. Uma banda de Moebius é uma tira em que exerço, não uma torção, mas uma meia torção. [Juan-David Nasio confecciona uma tira de papel.]

Esta banda de Moebius... quero que saibam, aqueles que a conhecem, que sinto vergonha de repetir isso, mas sei que há muitos que não a conhecem, e quero que saibam o que é essa banda de Moebius.

A banda de Moebius é uma superfície de duas dimensões, ou seja, esta — tira de papel — é uma superfície de três dimensões. Erro número um: eu teria que ter na mão algo que não se tocasse, e isso nos apresenta um problema; mas, continuando: uma banda de Moebius é uma superfície cujo exterior se confunde com o interior — a face interna da banda —, mas a característica fundamental, a definição mais estrita da banda de Moebius é que ela é uma superfície aberta. Por quê? Porque tem uma borda. Em topologia, uma superfície aberta é uma superfície que tem uma borda. Chamamos superfícies fechadas àquelas que não têm borda. Esta borda é o que estou acompanhando com o dedo. É uma única borda, não são duas bordas; aparentemente, são duas bordas, mas, na realidade, é uma única borda.

A banda de Moebius, então: aberta e com uma única borda, não duas, e com uma única face: a face externa e a face interna são a mesma. E, acima de tudo — tema muito interessante para a clínica —, não orientável.

Que quer dizer não orientável? Quer dizer que, se eu começo a pôr uma setinha com uma certa orientação na face externa — desenhando-a várias vezes —, quando chegar ao ponto aparentemente oposto àquele em que comecei, a setinha me estará indicando a outra direção. Ou seja, é uma superfície não orientável — a definição de não orientável não é uma definição, não cheguei a encontrar nenhum texto que me desse uma definição que não fosse prática. Não orientável; a menos que queiramos ir mais adiante. Mas, em todo caso, dito rapidamente, não orientável é a superfície em que, dada uma certa orientação, é preciso dar duas voltas para tornar a encontrar a orientação inicial. Por exemplo, nesta banda, para encontrar a orientação inicial, tenho que dar — efetivamente — duas voltas, e não uma só.

Vamos a nossa demonstração: a borda das duas voltas, auto-erótica/alo-erótica, adere perfeitamente bem à borda da banda de Moebius. Pareceu-me muito claro que essa volta dupla correspondia exatamente à borda. Como se eu pegasse esta banda e lhe colocasse uma borda vermelha, até chegar a um ponto, e começasse com a cor azul; isso é exatamente o que acontece com a borda auto-erótica e com a borda alo-erótica.

Aqui temos a banda com sua borda auto-erótica e, em seguida, com a alo-erótica [ver p.119 e 120].

Mas, que valor há em passar para a banda? Que é que eu ganho ao passar para a banda?

Bem. Auto-erótica/alo-erótica. Uma coisa interessante: o olho está no eu vidente, está no plano do eu. Passemos para a segunda.

Aqui temos de novo o plano do eu vidente e o plano do Outro-tela. Essa maquete não está aqui. É uma etapa, uma pequena modificação que fiz. É que o olho da criança, eu o passo adiante, passo-o para a tela. A fenda palpebral estava antes na criança, e eu a tirei dela e a pus lá, na tela. Por que essa troca? Por várias razões. A primeira é que, em relação a esse olho, a essa fenda palpebral, poderíamos ficar com uma única fenda fálica, não há necessidade das três.

Ter passado o olho para a tela é uma pequena maneira de lhes mostrar, de fazê-los sentirem que o olho, a fenda palpebral, confunde-se com o sexo, com a fenda fálica do Outro. A fenda palpebral, no momento do olhar, da constituição do olhar, no momento da fascinação, é a versão clínica daquela, é sua formação manifesta. O olho está no quadro, a fenda palpebral está no quadro. Eu poderia ter dito: meus olhos estão no quadro e o sexo do quadro, a fenda fálica do quadro, está em meus olhos.

Há um minuto, dissemos: as duas fendas fálicas têm que andar num ritmo comum, numa cadência comum e num pulsar comum. Também posso dizer: na realidade, as duas são tão comuns que são uma só. É como se eu voltasse atrás. Em vez de dizer que as duas fendas fálicas, a da criança e a da mãe, estão em cadência, também posso dizer: os olhos estão no quadro, e o sexo, a fenda fálica do Outro, está em meus olhos. São imagens diferentes para explicar esse ponto de constituição.

Se digo que as duas fendas fálicas estão no mesmo ritmo, isso é o mesmo que eu dizer: meus olhos estão no quadro, na luz do quadro; dá na mesma.

Então, a primeira coisa que fiz foi tirar os olhos, colocá-los no Outro e mostrar que o sexo do Outro confunde-se, em meus olhos, com a fenda palpebral, e que a fenda palpebral confunde-se com os olhos.

Assim é que, nesta frase de *História do olho*, Bataille diz: "Vi exatamente na vagina peluda de Simone o olho azul pálido de Marcelle, que me olhava chorando lágrimas de urina." É impressionante, é muito forte, é até muito mais forte do que o que estamos dizendo, porque põe três personagens. Três, topologicamente, constitui algo impossível; não se pode dar conta, topologicamente, de uma frase assim. São três: já não é o olho do sujeito que está na vagina do Outro, mas o que está na vagina do Outro, e que é sujeito, é o olho de Outro. É na vagina peluda de Simone — do Outro — que vejo os olhos de Marcelle, mas sou eu que estou olhando, porque há um personagem, além disso, que está falando do Outro.

Estamos neste pedaço: continuamos com a face auto-erótica e alo-erótica, mas já aqui alguém pode dizer: mas, se os olhos passam para defronte, isso já deixa de ser auto-erótico, uma vez que meus olhos estão lá, e o lá está aqui. De fato. O problema do auto-erótico e do alo-erótico é a maneira de nos comprometermos com Freud, de estarmos de acordo com Freud. Dizer que há auto-erótico, aqui, é porque isso é necessário para dizer da pulsão que ela é uma pulsão sexual. Mas, na verdade, não há diferença entre auto-erótico e alo-erótico. Em psicanálise, muitas vezes é preciso fazer assim: é preciso colocar a diferença, para depois dizer que não.

Por exemplo, para dizer que não há dentro e fora, primeiro é preciso saber o que são o dentro e o fora, para depois dizer que não há dentro e fora, e então terminar dizendo: tratamos o dentro e o fora de uma maneira subversiva, forcejamos com isso.

Aqui, acontece a mesma coisa com o auto-erótico e o alo-erótico. Já essa troca que fiz mostra que, na realidade, a primeira face, auto-erótica, e a segunda, alo-erótica, começam a se confundir. Mas quero que isso fique ainda mais claro, e então, passo para a banda.

Que acontece? Acontece que, em vez de fazer numa dimensão a primeira etapa, auto-erótica, agora já estamos mostrando que não é mais auto-erótica. Esse circuito constitui uma parte da borda da banda e o outro constitui a outra parte da borda da banda. Esta é a fenda fálica, de onde tudo parte e onde tudo chega. Este é o ponto inicial e o ponto final. Aqui temos, no Outro da tela, a fenda palpebral, que eu pusera adiante, e tenho a fenda fálica do Outro. O circuito segue exatamente a mesma disposição que tínhamos dito, exceto que, aqui, ele se converte numa banda de Moebius. A banda de Moebius é uma ida e volta pulsional cujo circuito eu bordejo. Por que fazer a banda de Moebius? Por três razões:

Primeira razão: para mostrar. É difícil colocar o problema da aplicação da topologia, que eu diria, com Aristóteles — e que Lacan retoma —, que é "pensar com". Creio que a expressão mais exata é "pensar com".

Permitimo-nos pensar a banda de Moebius da seguinte forma:

1) Que na banda, na banda de Moebius, já não há dentro nem fora; não há mais auto-erótico e alo-erótico. Vê-se claramente que o dentro e o fora, na banda de Moebius, são uma única forma, não há auto-erótico e alo-erótico, isso desaparece.

2) Passar para a banda é que, ao dizer que não há auto-erótico e alo-erótico, os olhos, meus olhos, estão no quadro, e o sexo do quadro está em meus olhos — como diz Bataille. Isso é interessante na clínica. Por quê?

O ato de olhar é um ato que não é para fora. "Ver" era ver de nós para a imagem. Olhar não é de nós para a imagem, o olhar é um circuito interno em nós. É um circuito que não tem objeto externo em que se praticar. Aqui nos afastamos muito, muitíssimo, do que pode dizer um oftalmologista.

Olhar não é olhar um objeto. Um quadro não é olhado, é visto. Mas, se o quadro me deslumbra, estou num momento de pulsão escópica. Mas essa pulsão escópica não está posta no quadro, não é que se meta no quadro, ela se constrói no quadro. Mas o quadro em si não é o objeto do olhar.

Há que entender isto: nem todo ato pulsional tem um objeto sobre o qual o ato se aplique, não é um objeto que, como o ato reflexo, se absorva — da mesma maneira que dizemos que as excitações são internas. É preciso conceber a idéia de que um ato pulsional não apenas tem uma excitação interna, e não externa, como também não tem um objeto externo sobre o qual esse ato ganhe consistência. E mais ainda o olhar: quando pensamos o ato de olhar, ele é um ato que vai para. Na realidade, o olhar não é para, ele é para o Outro, sim, mas para o Outro onde não há uma relação interna e externa.

O que estou dizendo é uma formalização justa, específica de algo que é preciso reconhecer, e que o próprio Freud diz, a sua maneira: quando alguém olha, isso não é um olhar para fora, é um olhar para dentro, é um olhar interno, um olhar interior. Não utilizo esse termo, olhar interior, olhar para dentro, porque ele me leva imediatamente a todo um vasto universo de conceitos, de esclarecimentos dos quais discordo absolutamente, e que não têm nada a ver com minha prática. Mas tenho que entender também que, quando falo de olhar e falo de inconsciente — não nos equivoquemos —, o olhar não é o olhar para fora nem o olhar para dentro, é o olhar pulsional inconsciente, cujo sujeito tampouco é o ator: não sou eu que olho. Quando vejo, sou eu que vejo; digamos, sou eu, vejo em mim. Mas, quando olho, não sou eu que olho.

A pulsão, o ato pulsional, não só não tem objeto sobre o qual aplicar-se, como também não tem sujeito-ator. Não há ator, a pulsão é uma ação acéfala, falta-lhe a cabeça, ela é primitiva. A pulsão é uma ação primitiva, sem cabeça e sem sujeito. E Lacan diz isso, ao afirmar que o sujeito de uma pulsão, nesse caso, o sujeito escópico inconsciente — eu o chamo assim: sujeito escópico inconsciente —, é uma denominação que não é exata. O sujeito inconsciente da pulsão escópica, o sujeito inconsciente do desejo pelo Outro, o sujeito inconsciente que reencontra o olhar, esse sujeito inconsciente escópico, surge quando o circuito da pulsão se conclui, não antes. É um sujeito-efeito da experiência, e não anterior a essa experiência de olhar.

Numa palavra, estamos num ponto tal que o olhar não tem objeto externo sobre o qual aplicar-se, não tem sujeito-ator; é um circuito pulsional interno. Digo interno para que se entenda, mas vocês sabem que, pelos esclarecimentos que dei, não existe interno. E me parece que a banda mostra esse caráter que estou dando, de um circuito sem sujeito; o sujeito é esta banda. O sujeito aparece quando o circuito se fecha, digamos; aí aparece a banda, quer dizer, aí aparece o sujeito escópico inconsciente [ver p.121].

Esse sujeito escópico inconsciente aparece como colado ao Outro, aparece como colado, suspenso no quadro. O sujeito da experiência do olhar — que não sou eu, eu fico como que deslumbrado, paralisado —, o sujeito escópico inconsciente, fica como que colado ao quadro.

Tomo novamente René Thom e utilizo uma palavra que me agrada mais; essa palavra é esfoliação, e é um termo que não tem nada a ver com o que estamos falando. O sujeito escópico inconsciente como esfoliação do quadro; é como a pintura dissecada de um quadro, como uma camada de pintura dissecada, é uma esfoliação do Outro.

Primeira observação: o sujeito fica colado e pendente do quadro.

Segunda observação: o sujeito escópico fica — se tivéssemos que ver a forma em que está — esfoliado, é uma esfoliação do quadro.

Vamos à etapa seguinte. Dissemos que um dos temas que estamos forçados a definir é o olhar. A primeira definição é como vazio; a segunda definição é o objeto que causa. É o objeto-causa ocasional, excêntrica, que define o circuito da pulsão. Aqui, o objeto é o que se desprende, o que está no centro desta banda. Essa é uma primeira versão. É como dizer: muito bem, este é o circuito do olhar, o senhor nos mostra o auto-erótico/alo-erótico, o olhar-se/olhar/ser olhado, mas onde está o olhar?

Resposta: o olhar é o furo que causa esse circuito. Então, poderíamos materializar isso colocando-o no centro, neste furo do meio da banda. Digo que este é um furo que existe porque a banda está em três dimensões, porque, se a banda estivesse em duas dimensões — como teria que ser —, não existiria o furo. Este furo é um fenômeno devido às três dimensões.

Uma petição, uma resposta melhor: se tivéssemos esta banda em outro tipo de objeto que a complementasse, um disco. Trata-se de colar um disco em toda a borda da banda. Vamos fechá-la, ela é aberta, mas nós a fechamos. Retiremos a borda, colemos um disco. Então, isso quer dizer que o objeto *a* é um disco que se cola à borda da banda.

Qual é o olhar? Segunda definição do olhar: é a causa etc. Eu diria: assim, tal como o temos, e com um disco que se cola na borda da banda, para não ter que falar do furo que está no meio. Mas também não gosto disso. É uma definição exata, correta, mas poderia ser melhor. Passemos a outra.

Aqui, continuamos com a mesma situação: o Outro da tela; a banda de Moebius, colada e suspensa no Outro; esfoliação do quadro. E tudo o que fiz foi — já que a linha auto-erótica e alo-erótica são uma mesma coisa, e preciso continuar a diferenciá-las — centrá-las no centro.

Que estou fazendo? Estou fazendo uma redução. Como toda demonstração é um processo de redução, formalizo e constato que os dois percursos constituem uma única linha, que se chama linha mediana da banda de Moebius. Mantenho aqui minha fenda fálica na criança — a original. A criança converteu-se, aqui, na banda de Moebius; o quadro continua como quadro, por enquanto, e o olho da criança é confundido com a fenda fálica no Outro [p.122].

Que foi que eu fiz? Centralizei isto para demonstrar. Foi um aperfeiçoamento do que dissemos da situação anterior, auto-erótica/alo-erótica.

Agora, ocorre que se, na verdade, a luz que fascina na fenda fálica do Outro coincide com minha fenda fálica, primeiro tenho que dizer por que coincide. Coincide, primeiro, porque elas ressoam na mesma cadência uma com a outra. Segunda coincidência: porque, na realidade, do ponto de vista do conceito de realidade psíquica, a fenda fálica é uma só e está no meio, entre o sujeito e o Outro, entre o quadro e aquele que vê. Mas a fenda fálica desapareceu e se converteu em banda [ver p.121].

Na realidade, para mostrar melhor o anterior, eu teria que fazer com que este quadro também se convertesse numa banda não orientável. Gostaria não apenas de dizer, como diz Bataille, que os olhos vão para o quadro — essa é uma imagem forte; é como se arrancassem os olhos de Édipo, e onde ficam eles? Ficam no sexo de Jocasta, e o sexo de Jocasta está nos olhos de Édipo; gostaria que o corpo do outro, o quadro do Outro me envolvesse e não se distinguisse do meu. Quero que apareça o quadro e que o quadro me apanhe por trás, onde eu não possa ver nem sequer a distância entre o quadro e eu, porque, enquanto eu disser que meus olhos estão lá e que o sexo do outro são meus olhos, existirá a distância entre este que chamo sujeito e o quadro. Há uma diferença entre a banda e o quadro. Quero que não haja mais distância. Quero duas coisas: primeiro, que não haja mais distância, e gostaria de encontrar o olhar não apenas como causa ocasional excêntrica do circuito da pulsão, mas de encontrá-lo entre o quadro e o sujeito; gostaria de encontrá-lo no meio. Gostaria que a fenda fálica não fosse minha fenda fálica nem fosse a fenda fálica do Outro. Gostaria que a fenda fálica, o circuito da pulsão, estivesse no meio.

Então, quero duas coisas. Uma: fazer com que o quadro esteja disposto de tal maneira que me envolva por trás, que não apenas meus olhos estejam nele, mas que não haja distância, que já não haja distância entre o sujeito e o quadro.

Dois: quero encontrar o olhar no meio. Para isso, passamos à quarta etapa: o Outro — tela do quadro — torna-se agora uma tira de Moebius não orientável, tal como o sujeito escópico inconsciente, e também faço outra tira escópica inconsciente.

Vocês verão o quadro de Escher [ver p.126]; é um quadro magnífico, porque é exatamente o que eu queria encontrar. Aliás, era o que eu queria encontrar até que, um dia, fui à casa de uma colega, estávamos almoçando, e ela me disse: "Você sabe que há um quadro de Escher em que há um homem diante de um quadro, e o quadro perde a distância de seu próprio espectador?" O espectador está aqui, em frente ao quadro, e de repente o quadro se converte na casa, nas fachadas das casas de uma cidade, vê-se à direita uma casa em que há uma mulher olhando pela janela, esta se transforma no chão, na planta baixa, numa galeria de arte, esta tem um corredor, e o espectador está dentro do corredor, olhando para o quadro inicial.

Escher conseguiu fazer com que um espectador fosse envolvido por trás por um quadro. Mas ele teve um problema sério, devido a uma violência. Escher quis violentar a visão, violentou a visão até certo ponto, porém além dele não pôde ir — ele que talvez tenha sido um dos desenhistas mais extraordinários em violentar a visão —, e conseguiu exercer essa violência totalmente, exceto num ponto: o ponto branco que está no meio. Esse ponto branco mostra que Escher não pôde anular totalmente a relação do espectador com o quadro. Esse ponto branco, central, mostra que Escher teve que deixá-lo assim, porque não podia dar-lhe uma forma gráfica, era-lhe impossível desenhar essa relação, terminá-la, concluí-la. Esse ponto branco é, para mim, nessa representação, uma boa mostra do que é o olhar, o olhar está ali, no ponto branco.

Pergunta: Será o umbigo do quadro, de que Freud fala a propósito do umbigo do sonho?

Juan-David Nasio: Exatamente, é o umbigo do quadro. Pode ser também o olhar que está representado nesse ponto branco, pode ser também uma representação da versão fenda fálica, isto é, a coisa que fascinou e fascina o espectador.

Seja como for, nesse quadro, Escher responde exatamente ao que estamos tentando dizer. O quadro perde a distância do espectador; além disso, o quadro o agarra por trás e o olhar está fora do frente-a-frente do espectador com o quadro. O olhar está excentrado, excêntrico, e como uma impossibilidade. O olhar, aqui, é uma impossibilidade.

Perguntaram-me, antes, que é que está escrito na borda do ponto branco do quadro, e se, de algum modo, isso poderia encerrar esse branco. Digo que não, e o digo por que, ao ler os comentaristas de

Escher, eles reconhecem que ele não pôde continuar desenhando porque isso foi impossível. Era impossível, com um desenho, fazer mais do que isso, era preciso deixar um lugar vazio. Dizem os comentaristas que tudo o que Escher fez foi escrever a data, sua assinatura e o número do quadro que havia feito.

Então, quero converter o quadro numa banda orientável, porque esse quadro de Escher é uma perfeita banda de Moebius.

Uma vez que estamos trabalhando nisto, logo aparece uma porção de conjecturas, por exemplo, o sonho. Quem é que olha no sonho, se estamos dormindo? Lacan nos diz que o sonho é uma formação do inconsciente e repete isso muitas vezes. É claro que o sonho é uma formação do inconsciente, e por duas razões: primeiro, porque se estrutura como o inconsciente, em todas as estruturações do metonímico, dos deslocamentos e dos elementos que vão compondo o sonho. E, além disso, por uma segunda razão: o sonho é uma formação do inconsciente porque o que importa também é o relato do sonho, o modo como se diz o sonho, como o sujeito o estrutura em seu relato. Mas o sonho é também — como eu o chamaria — uma formação do objeto *a* de tipo fantasístico, produzida por recalcamento, ou seja, há olhar no sonho. Se me perguntassem qual é a pulsão que se exerce no sonho, eu responderia, quase sem duvidar: a pulsão escópica.

Que acontece no sonho, qual é o objeto do desejo no sonho? Uma resposta rápida — seria preciso estudá-lo melhor — seria: o olhar, o objeto *a* é o olhar. O objeto do desejo, no sonho, é o olhar. Aqui vem a pergunta: mas, quem olha enquanto se dorme? Já que estou dormindo, tenho os olhos fechados, portanto, quem olha? Resposta: ninguém olha. É o olhar primitivo. Então, devemos acrescentar que é preciso pensar o sonho em outras dimensões, como estamos pensando em outras dimensões a pulsão escópica. O sonho que olhamos, não somos nós que o olhamos. O sonho, é preciso pensá-lo em duas dimensões ou em uma dimensão. Ou seja, seria preciso pensar numa dimensão outra que não as três dimensões; sonhamos em duas dimensões e contamos o sonho em três, donde todas as mudanças que há. Vemos em três dimensões e olhamos em duas. Enquanto olhamos em duas dimensões, estamos cegos em três. Sonhamos em duas dimensões e contamos o sonho com lapsos, com erros, com esquecimentos, em três dimensões. São dois espaços, dois universos completamente diferentes, e penso efetivamente que, da mesma maneira que esse branco, esse umbigo no desenho de Escher, o mesmo aconteceu quando Freud abordou o sonho. Podemos dizer que a pulsão escópica no olhar está como que acionando o sonho.

Vamos, então, à outra etapa. Esta quarta etapa [ver p.124] mostra a materialização do quadro de Escher. Nós a temos aqui em duas bandas de Moebius coladas, uma que é o que era a criança, e outra, o que era a mãe; uma que era o eu vidente, que se converteu em sujeito escópico inconsciente, e a outra banda, que é o Outro-tela. O quadro de Escher corresponderia a essas duas bandas coladas. O ponto de aderência das duas é a fenda fálica, que agora se reduz a uma só, já que estamos autorizados a fazer equivalências. Na realidade, encontro-me com uma única linha pulsional, já que a linha auto-erótica/alo-erótica desapareceu e não há mais dentro e fora, e há uma única fenda fálica.

Quero dizer-lhes que a colagem das duas bandas já não se pode fazer senão rasgando uma das bandas: é preciso cortar, já que a banda — essa é uma propriedade topológica — não pode colar-se, não se pode colocar uma em cima da outra. Aqui, nesta montagem, há uma armadilha que vocês não vêm, uma banda cruza, isso é uma colagem; há um ponto cruzado de uma banda sobre outra. Não sendo dessa maneira não se pode fazê-lo, não se podem colar duas bandas de Moebius sem esse truque.

Depois que cheguei a esse momento da demonstração, percebi que duas bandas de Moebius tinham um nome, uma equivalência na topologia; duas bandas de Moebius equivalem ao que se chama "a garrafa de Klein" [ver p.125].

Vocês estão vendo esta garrafa de Klein que tenho aqui [p.123]. Se eu cortar esta garrafa com uma serra, não de qualquer maneira, mas de um certo modo, terei, ao cortá-la, duas bandas de Moebius.

Entendamo-nos: esta garrafa que tenho na mão, este objeto, na realidade, teoricamente, corresponde a duas bandas de Moebius. Se eu pegar uma serra e cortar este objeto em dois, não terei duas bandas na mão; teoricamente, isso corresponde a duas bandas. No tratamento do sujeito topológico, é sempre preciso fazer essa distinção, uma coisa é o objeto que temos na mão e outra é o objeto topológico teórico. Por isso é que distingo uma garrafa de Klein concreta, a que tenho aqui, e a garrafa de Klein abstrata. O objeto topológico concreto é uma representação em três dimensões, espacial, manipulável, que pode ser tocada, sentida, que posso encher de água. Este objeto é uma representação em três dimensões, e o objeto abstrato é um objeto de duas dimensões, que, na realidade, é impossível representar tal e qual.

O objeto abstrato é um objeto topológico que se chama "garrafa de Klein", tem duas dimensões e se caracteriza: um, por não ter borda; dois, como não tem borda, é um objeto fechado; três, é um objeto não orientável. Não orientável quer dizer que, se eu desenhar setas sobre ela, fazendo um certo percurso, vou constatar que as setas mudam de direção; o fato de ser um objeto fechado, não aberto — diferentemente da banda de Moebius —, quer dizer que não tem borda. Que significa dizer que ele não tem borda? Isso quer dizer que qualquer lugar da garrafa é equivalente à borda, mas esse é o objeto abstrato. Se quero ter esse objeto abstrato presente numa realidade tridimensional, tocá-lo, senti-lo, terei que concretizar certos erros, devidos às exigências das três dimensões. Terei que fazer como fez Escher, que teve problemas, porque, se ele estivesse vivendo em duas dimensões e houvesse representado isso, não teria tido que fazer um furo branco. Esse buraco branco é o preço que ele paga por querer desenhar em três dimensões. Esta garrafa que tenho nas mãos é uma representação deformada da garrafa de Klein, não é a verdadeira garrafa de Klein. A verdadeira garrafa de Klein teria que ter algo e essa entrada do gargalo da garrafa para dentro não deveria ser vista. Teria que ser uma entrada como a dos fantasmas que atravessam paredes, e não acontece nada nas paredes; bom, isso teria que ser da mesma maneira. Este gargalo deveria entrar sem que houvesse nenhuma borda, mas isso é inimaginável. Uma entrada sem borda é inimaginável. Como estamos em três dimensões e tive que pedir a um vidraceiro que fizesse a garrafa, ele se viu obrigado a marcar a borda, não pude fazê-lo de outra maneira.

A propósito do vidraceiro, vou-lhes contar a história da construção desta garrafa. No princípio, eu não sabia como fazer para encomendá-la e, assim, fui ao catálogo e procurei em vidraceiros.

Para mostrar o que eu queria que fizessem, eu tinha um punhado de fotos de livros de topologia, tanto clássica quanto combinatória, e assim, fui ver os vidraceiros. Como eles achavam que era algo muito especial, queriam cobrar caríssimo, até que, por fim, encontrei um que era muito agradável, com quem deixei as fotos. No dia seguinte, ele me telefonou e disse: "Doutor, não entendi nada; não sei como fazer isso." Então, ocorreu-me fazer-lhe exatamente a mesma demonstração que realizei para os colegas do seminário psicanalítico de Paris. Primeiro, fiz-lhe uma garrafa de vinho italiana; depois, numa segunda etapa, peguei o gargalo e o torci; terceira etapa: o gargalo entra na garrafa, eu o alongo até que entre em contato com a base, e a base se converte num furo, determinado por esse encontro [ver p.125].

Se vocês encherem essa garrafa com água, ocorrerá um fenômeno muito curioso: não poderão enchê-la, a menos que provoquem uma pressão especial; a água fica parada; e se, depois disso, lhes ocorrer quererem tirar a água, vai acontecer — aconteceu comigo — que a água fica lá dentro; passei uma semana esperando que as gotas se evaporassem, e só consegui isso com uma estufa; essa é a única maneira de tirar a água, sob a forma de vapor. Na realidade, a água não entra nem sai.

Repito-lhes que esta garrafa não tem borda, apesar de podermos chamar isto de círculo de identificação. Que é o círculo de identificação? É o momento em que o gargalo da tromba — vamos chamá-lo assim — se identifica, em que os pontos da tromba se identificam com o orifício de saída. Ou seja, quando a boca da tromba reencontra — posso dizê-lo —, quando a boca da garrafa encontra-se com seu próprio ânus.

A primeira coisa em que isso me faz pensar é no aparelho digestivo; as duas bocas de um aparelho digestivo são a boca e o ânus.

Pensar nesse tipo de coisas não é um capricho, não é sofisticado, são pensamentos com os quais é preciso trabalhar, em especial com os pacientes. Os olhos não são os olhos, o ânus não está atrás, o ânus pode estar na cara, na boca, os olhos podem estar atrás. Tem que haver como que uma espécie de trabalho, de forçação, inclusive com respeito às zonas erógenas, e pensar no que seria um corpo pulsional, que não é o corpo anatômico, é outro corpo. Para realizar esse trabalho, a topologia não é decisiva, mas ajuda, é uma espécie de prática desse corpo pulsional.

Pergunta: Essa idéia pode relacionar-se com a idéia de Dolto de uma imagem inconsciente do corpo?

Juan-David Nasio: O conceito de Dolto da imagem inconsciente do corpo é — eu o diria assim — a maneira como Dolto chama a realidade psíquica inconsciente.

Dizer imagem inconsciente do corpo é encontrar ali, convergindo, como no nó borromeano de Lacan, o aspecto imaginário — a imagem —, o aspecto simbólico do inconsciente e o aspecto pulsional, o corpo.

Imagem inconsciente do corpo é, no meu entender, sinônimo dessa realidade psíquica inconsciente, ou do nó borromeano de Lacan. É claro que, quando digo imagem inconsciente do corpo, tenho que reconhecer que há todo um campo ligado a esse termo, que faz parte do contexto teórico da obra de Dolto, mas mesmo assim seria possível fazer uma aproximação semelhante.

Pergunta: Estou acostumado a nomear o sujeito do inconsciente lacaniano como o que um significante significa para outro. A partir disso, seria possível pensar o sujeito escópico inconsciente como o que um (- φ) como sexo representa para outro (- φ) como sexo? Caso se possa afirmar isso, como diferenciar os dois (- φ)?

Juan-David Nasio: Eu estava pensando em deixar isso para o final, mas, a esta altura, é perfeitamente admissível. De que maneira resumir tudo que estivemos dizendo? Trata-se de resumi-lo em quatro termos fundamentais. Um termo fundamental, talvez o decisivo, é o termo "fenda fálica". Até agora, chamei (- φ) de fenda fálica, mas o caráter de borda da fenda fálica, o caráter de borda de (- φ), essa contração de luzes intermitentes que mencionei antes, isso é um significante. É como se o (- φ) fosse a luz que ofusca o (- φ) e, em seu caráter de borda orificial, também fosse um significante.

Depois, tenho o sujeito, que chamo de sujeito escópico inconsciente. Aqui há uma única fenda, porque, na banda, eu também tenho uma única fenda. Já não preciso ter as três que tinha no princípio, reduzi-as a uma única fenda. Portanto, tenho: uma fenda, um sujeito escópico inconsciente, o Outro-tela e o objeto olhar.

Discurso escópico

$$\frac{\text{fenda}}{\text{sujeito escópico inconsciente}} \qquad \frac{\text{Outro-tela}}{\text{olhar}}$$

Posso escrever assim o sujeito escópico inconsciente e o olhar, uma vez que o sujeito escópico da segunda etapa é a banda, e eu disse que o olhar era o que estava no meio. Depois, eu disse: não, é melhor colocar um disco, o disco que cobre a banda é uma materialização do que poderia ser o olhar. O olhar estava no meio, no meio como aquilo que sustenta o discurso. Neste ponto, estamos na segunda definição do olhar, faltam-me duas.

A segunda definição do olhar consiste em que ponho um disco e faço com que o olhar seja o disco que cobre a banda ao redor de sua borda. Então, entre o sujeito escópico inconsciente e o disco está a borda, que é o circuito duplo.

Discurso escópico

$$\frac{\text{fenda}}{\text{sujeito escópico inconsciente}} \qquad \frac{\text{Outro-tela}}{\text{olhar}}$$

duplo círculo
pulsional ou do desejo

Entre o sujeito escópico inconsciente e o olhar estão as duas voltas, que também posso fazer com um losango. Constato que, na parte inferior, o sujeito escópico inconsciente está ligado, no fim, a um losango que é equivalente à volta dupla.

Discurso escópico

$$\frac{\text{fenda}}{\text{sujeito escópico inconsciente}} \quad \lozenge \quad \frac{\text{Outro-tela}}{\text{olhar}}$$

Posso chamá-lo de circuito pulsional ou posso chamá-lo de circuito do desejo. Tudo isso se chama discurso escópico. Ou seja, essa seria a estrutura, a matriz escrita; seguindo a orientação lacaniana, seria a matriz, o resumo em quatro termos e numa relação fundamental, quando ocorre o fato de alguém ser atravessado por um olhar. Isso é o que se chama vínculo escópico ou discurso escópico. O elemento dominante nesse discurso escópico, o fato dominante nessa relação com o Outro em que ele se mira, não é o olhar; o elemento determinante foi, ao longo de toda a minha explicação, a fenda fálica, que tem sua face (- φ) e sua face borda. Utilizando a terminologia de Lacan, é como se a fenda fálica estivesse na posição dominante por se apresentar sob o semblante de (- φ).

A idéia de fazer do Outro uma banda de Moebius que venha agarrar o espectador por trás corresponde muito bem à posição que o analista tem que ter perante a escuta. Do mesmo modo que o quadro tem que envolver o espectador para que haja olhar, também o analista, eu diria, para escutar o inconsciente não orientável, tem que estar numa posição não orientável. Digo que ao inconsciente não orientável corresponde ele estar numa posição não orientável.

Que quer dizer posição não orientável? Por exemplo, quer dizer que esse analista escuta a partir de uma posição em que pode estar familiarizado com a idéia de que os olhos podem estar no ânus, de que o umbigo pode estar na boca, de que há uma troca, de que o corpo pulsional é um corpo diferente: é como um corpo absurdo. Esse analista, somente nessa perspectiva não orientável de escuta é que ele estará em condições de ter um retorno de uma formação do inconsciente sob a forma de uma interpretação.

Mais uma coisa. Lacan, em seu seminário sobre *O objeto da psicanálise*, estudando o quadro "As meninas" — ele não o diz assim, mas, enfim, tomou uma vertente diferente do que eu disse até aqui, mas há um ponto de coincidência, que é a questão do sujeito —, fala da relação do "sujeito-espectador" com o quadro e diz — não sei se vocês o conhecem, mas isso se diz habitualmente — que a fascinação é estar dentro do quadro. Um autor como Rudolf Arnheim diria: o sujeito está no quadro. Diz-se muitas vezes estar no quadro. Inclusive, toda a escola de Nova York, a escola de pintores de Nova York, como Jasper Johns, por exemplo, faz quadros grandes e, para poder pintá-los, eles ficam descalços e caminham pintando sobre os quadros, porque o quadro tem que envolver o pintor e o espectador. Essa demonstração me leva a outro tipo de conclusão. Eu não diria que, na fascinação do ato de olhar, o espectador está dentro do quadro, diria que o espectador não só é envolvido por trás pelo quadro, mas diria também que o espectador, como a banda de Moebius, está colado e pendurado no quadro. Eu imagino o espectador pendente do quadro.

Primeira variação: pendente. Segunda variação: esfoliação. Ele é esfoliado, como que descascado, como uma casca do quadro que houvesse caído no chão.

A terceira variação é que o espectador não se confunde com o quadro, mas é como se houvéssemos aberto a fenda fálica ao máximo. Aberto ao máximo o orifício do olho, e como se as bordas se superpusessem às bordas do quadro.

Então, não é que o espectador esteja no quadro, mas sim que o espectador corresponde à moldura do quadro.

O que importa na fascinação é a borda, e por isso pus a fenda fálica como dominante. O que importa é a borda, essa borda da fenda fálica, a borda dos olhos, a borda do sexo; no quadro, o sujeito pouco importa. Na fascinação, não só o espectador fica colado, pendurado, esfoliado pelo quadro, como eu diria que os limites do campo do espectador são exatamente a moldura do quadro. E esse é um ponto que Lacan diz em seu seminário sobre *O objeto da psicanálise*, mas ele chega a esse ponto efetuando uma análise da perspectiva.

Dissemos que estávamos buscando a definição do olhar. Definimos o olhar como aquilo que se desprende quando um foco luminoso, tremeluzente, titila precisamente em nossa retina.

Segunda definição do olhar: o olhar é a causa ocasional e excêntrica que determina o desdobramento e o fecho do circuito pulsional, ou do circuito do desejo do Outro. Essa é uma segunda definição, correta, topológica, mas insuficiente.

Terceira definição do olhar: sabendo que o gozo de olhar não pertence a mim como indivíduo isolado, nem como eu, nem tampouco ao sujeito escópico inconsciente, mas que o gozo de olhar pertence à relação do sujeito inconsciente com o Outro da tela, quero que o olhar se entronque entre essas duas entidades. Ou seja, quero que o olhar se entronque entre as duas bandas de Moebius, quero que o olhar se encontre no suposto interior da garrafa de Klein. O interior da garrafa de Klein confunde-se com o exterior, portanto, não é um interior. Não há interior, esse é um objeto que não tem interior-exterior; para uso do leigo, sim, e na representação da garrafa abstrata também, ela tem um interior aparente, mas a garrafa de Klein não o tem.

Agora, quero que o olhar apareça nesse suposto interior. Numa palavra, a terceira definição que quero justificar com esta garrafa de Klein é dizer que o olhar é o objeto compartilhado, situado entre o sujeito e o Outro.

Para fazer isso, terei que me desviar.

Pergunta: O ponto da garrafa de Klein onde o gargalo se une à base e ao furo, Lacan o chama de ponto Φ, ou ponto-furo onde se entrecruzam as duas bandas; é um ponto e, ao mesmo tempo, é um furo do qual depende toda a estrutura do *cross-cap*. Como considerar esse ponto?

Juan-David Nasio: Esse é um problema do ponto de vista topológico e, em meu livro *Os olhos de Laura*, dedico toda uma parte à topologia, onde retomo essa afirmação de Lacan e o fato de que, do ponto de vista topológico, essa afirmação não tem nenhum fundamento; devo dizer assim: eu o consultei, estudei-o minuciosamente, e não há fundamento. Não há fundamento para dizer que esse ponto em particular sustente toda a estrutura da rede, das curvas que compõem o *cross-cap*. Mas isso não significa que essa afirmação não tenha nenhum valor. Ela tem um valor, que será dado pelo valor do significante fálico, tem um valor psicanalítico, e não topológico; aqui deveríamos falar de topologeria — como escrevi nesse trabalho —, e não de topologia.

Pergunta: Seria possível falar de corte, como fazemos com o *cross-cap*, seria possível falar de desprendimento do objeto nessa fórmula do discurso escópico?

Juan-David Nasio: A resposta é que se pode falar de corte na garrafa de Klein. Quando falo de corte no *cross-cap*, tenho um disco e uma banda; com a garrafa, tenho algo que não tenho no *cross-cap*; com o *cross-cap*, tenho o sujeito escópico inconsciente e tenho o olhar — objeto —, mas não tenho o Outro. Daí a importância, para mim, da garrafa de Klein, ou seja, a garrafa me permite reencontrar esse quadro, esse Outro-tela, também ele convertido em banda de Moebius, que vem a passar por trás. O que obriga aí a uma troca de posição, o que acontece, é que já há um problema: com a garrafa de Klein, não posso fazer do objeto um disco.

Este é o circuito da pulsão, que convertemos na linha mediana da banda, mas ocorre que, já aqui, isto é uma única fenda fálica. Se me refiro à pulsão, por exemplo, à pulsão oral, o circuito da pulsão oral será um ir, um vir, um vaivém; no circuito da pulsão oral, há uma equivalência entre esse circuito que vai e vem, que dá duas voltas contínuas e há uma equivalência com o orifício da boca. Numa palavra, o circuito da pulsão, em suas duas voltas, equivale ao orifício, e aqui reconheço que estou forçando a demonstração com uma equivalência, mas preciso dela para lhes dizer o que tenho que dizer acerca da garrafa de Klein.

Na realidade, a fenda, a borda da fenda, é topologicamente equivalente às duas voltas da pulsão; a tal ponto é exatamente equivalente que a pulsão oral chama-se oral porque o orifício é a boca.

A pulsão escópica teria que se chamar pulsão palpebral, e não se chama palpebral, chama-se escópica. A pulsão anal chama-se anal porque o orifício é o ânus. Quer dizer, a definição da pulsão é dada por seu orifício, o nome anal, oral etc. é dado pelo orifício. No escópico, ele não é dado pelo orifício, é dado pelo objeto.

Na pulsão, o orifício é importante, ele marca a pulsão, como no caso da anal e da oral. Por quê? Quando a criança chora e pede a mãe, a mãe lhe responde dando-lhe o seio; essa é a primeira volta. A segunda volta da pulsão oral é: a mãe dá de comer, a criança come; então, na segunda volta, a criança come e, depois, o circuito se fecha; quando? Quando a criança é o comido: a criança é o que a mãe come.

O pulsional não é pedir para comer, que a mãe dê de comer; a pulsão não está aí. A pulsão está em quando a criança é devorada pelo Outro, quando ela se converte na coisa oral que é comida. Esse circuito que acabo de mencionar, assim, corresponde exatamente ao orifício oral.

Entre o orifício palpebral e o circuito da pulsão escópica, podemos dizer que há uma equivalência. Há uma equivalência entre o pestanejo e o halo de luz, há uma coincidência com a fenda fálica;

há uma coincidência não só com o pestanejo, mas com o movimento de olhar-se, olhar para algum lugar e se fazer olhar. Posso dizer que olhar-se, olhar e ser olhado são o mesmo que dizer pestanejar. A ação da pulsão escópica é o pestanejo ou piscar de olhos. O importante é que há um movimento; o verbo pestanejar é equivalente aos três momentos do verbo olhar: olhar-se, olhar e ser olhado; isso é perfeitamente equivalente. Isso também quer dizer que a borda da fenda palpebral é equivalente aos dois circuitos da pulsão escópica. Mas, nesse caso, se o circuito da pulsão é equivalente à fenda, posso dizer que o impulso constante que sustenta esse circuito também deve existir ao redor das pálpebras na pulsão escópica, ou ao redor da boca na pulsão oral.

Freud diz que a pulsão é uma pressão constante porque há uma excitação constante; ou seja, não pára de se excitar. Daí, posso afirmar que o circuito é equivalente à fenda das pálpebras; por que não dizer que a libido que circula na pulsão é a mesma libido que circula nas bordas das pálpebras, e que o pestanejar é uma maneira de fazer circular o fluxo libidinal ao redor das bordas do orifício?

Há um teorema na física eletromagnética; é um teorema de que Lacan se serve: é o teorema de Stokes; este foi um grande físico do princípio do século XIX. O teorema diz: "Todo fluxo que circula ao redor de uma borda é igual ao fluxo que passa pelo buraco que essa borda limita."

A definição de Stokes é mais precisa; eu a digo assim porque estamos no contexto de um seminário. A definição dada por Stokes nesse teorema é a seguinte: "A circulação do fluxo ao redor da borda de uma superfície é igual ao fluxo que passa pela área dessa superfície."

Para nós, a superfície é uma espécie de buraco; posto que se trata da pálpebra, traço as duas linhas da pálpebra, faço a fenda palpebral; a área interna é o buraco, então, o que circula ao redor da pálpebra passa pelo buraco da pálpebra. Mas não passa de uma maneira qualquer; Stokes diz: o fluxo passa de maneira rotacional, em torvelinhos; é como se fossem emissões de torvelinhos. O fluxo circula em torvelinhos, como se fossem saca-rolhas; isso me fez pensar no fenômeno da turbulência e, com base nisso, consultei David Rouelle — ele não é muito conhecido aqui; ele inventou o que chamou de "atratores estranhos". Os matemáticos são meio místicos, são extraordinários pelos nomes que põem. "Atratores estranhos"; a gente se pergunta: que são eles? Aparelhos? Não. Os "atratores estranhos" são as imagens que aparecem nos computadores quando se estuda ou quando se trata de definir matematicamente o que é uma turbulência. Por exemplo, quando alguém abre uma torneira e a água cai na pia, ele não se dá conta do que acontece, mas há gente que vai estudar como essa água cai, que tipo de movimentos ela faz e que acontece com a turbulência, como é essa força da água. Há muitos estudos sobre o tema da turbulência; ela tem sua história, isso não é novo.

Ocorre que esse homem constatou que essas turbulências têm um foco de atração, que aparece registrado quando utilizamos um computador, e chamou esses focos de "atratores estranhos", porque há movimentos de atração que fazem com que os torvelinhos caiam em tal ou qual lugar.

Falando com ele, perguntei que relação poderíamos estabelecer entre o teorema de Stokes, do fluxo que passa como torvelinhos por dentro do buraco, e o fato de que, justamente, as turbulências são todas microturbulências, as turbulências são muitas, são microturbulências, microtorvelinhos, nunca é uma só. E aí me pareceu correto pensar que a fenda palpebral, o fluxo libidinal que corre ao redor da borda palpebral, é equivalente a uma emissão de fluxo libidinal que passaria através desse buraco, como torvelinho.

A circulação do fluxo ao redor da fenda palpebral é equivalente ao fluxo que passa sob a forma turbulenta no buraco limitado pela borda, e acrescento que, além disso, é preciso levar em conta que essa borda é uma borda que se contrai e se dilata, que não é uma borda estática. É uma borda que parece palpitar, que cada vez que se abre e se fecha emite um fluxo, emite o que eu chamaria de o olhar. Ou seja, o olhar seria, então, não apenas uma causa fascinante, excêntrica, que surge do desdobrar das duas voltas do circuito escópico, mas também, além disso, convém pensá-lo como a emissão devida à contração e à dilatação da fenda fálica.

A terceira versão do olhar seria dizer que o olhar não apenas é causa, mas é também produto. O olhar não apenas é uma causa do circuito da pulsão, mas é produzido pelo movimento de contração e dilatação do orifício da fenda fálica, o que seria, neste caso, a fenda palpebral.

Gostaria, agora, de fazer uma observação sobre a criança autista. A teoria atualmente dominante sobre as crianças autistas diz que elas estão envoltas numa espécie de capa que é preciso romper. Meltzer, que estudou muito essa questão, em certo momento, propõe que o melhor trabalho que se pode fazer com uma criança autista é encontrar a boa linha de corte.

Se Meltzer leu Lacan — e deve tê-lo feito —, terá encontrado muitíssimas vezes esta frase — por exemplo, no seminário *Problemas cruciais para a psicanálise* — onde Lacan diz: "Aquele que sabe recortar corretamente o objeto do desejo, esse é, verdadeiramente, um mestre no desejo."

Eu penso de outra maneira, com a experiência aparentemente abstrata, topológica, de uma imagem e uma figura que está presente quando se está diante de uma criança autista. Frente à criança autista — pareceu-me, e isso surgiu num trabalho que eu fazia com um autista e em supervisões de casos de crianças autistas —, pareceu-me interessante pensar, não no corte, mas em criar uma fenda, criá-la onde ela não existia, e não criá-la com uma tesoura. Não em criá-la, como diz Meltzer, cortando pela boa linha que faria falta, mas criando uma fenda como uma espécie de salto, de emissão libidinal por parte do analista.

Vocês estão lembrados de que a pulsão sexual é sexual porque nasce com base num orifício sadio, num orifício destinado a razões fisiológicas; o orifício palpebral serve para ver, mas é com base nesse orifício palpebral que serve para ver que nasce, que surge a pulsão escópica; o mesmo acontece com o ouvido, a boca etc. É isso que Freud chama de apoio. A pulsão sexual apóia-se nas pulsões de autopreservação. É como uma pista de aterrissagem.

Então, digo a mim mesmo que, com a criança autista, o que é preciso não é falar: o que se precisa fazer é criar a boca. Não fazer um corte, como faz o analista com o paciente neurótico numa sessão, mas criar na criança lugares de relevo, criar pregas, criar movimentos ondulatórios, e não cortes.

Freud nos diz: com base nos orifícios normais, fisiológicos, nasce a sexualidade; eu diria: usemos a sexualidade do analista para que nasça o orifício sadio da criança, para que então se possa começar a falar.

Não se deve procurar fazer com que ela fale, fazer isso pressupõe que a boca já seja o lugar da pulsão oral; o que temos que fazer é procurar, criar as bordas de uma boca, por exemplo.

Fizemos um trabalho com dois analistas sobre isso, para poder criar esse tipo de emissão libidinal — no analista —, para poder criar relevos na criança. Já não se trabalha com a palavra, já não se trabalha com interpretações ou superinterpretações, como se faria com um paciente neurótico em análise; aqui, estamos em outro tipo de situação. Esta é, talvez, criar uma certa emissão libidinal para criar o buraco.

Eu dizia ao analista: para criar a emissão libidinal, é necessário que você se ponha em todo esse contexto imaginário. Não há olhar sem visão, não há olhar sem todo o contexto imaginário que dá lugar a ele; então, é preciso a paixão do imaginário para que haja o nascimento de uma pulsão.

E também lhe disse: "Você tem espelho no consultório?" Ele me respondeu: "Não." "Então, traga um espelho e olhe para você. Deixe a criança, esqueça-se dela. Regozije-se olhando para você, trate de fazer isso, olhando-se como está vestido; faça um esforço, esteja com ela e, ao mesmo tempo, dissocie-se dela, libidinize-se, narcise-se."

É exatamente o contrário do que dizemos a um analista quando ele trabalha com seus pacientes neuróticos: não demande.

Com a criança autista, é preciso entrar no imaginário, gostar de si, olhar-se. Eu dizia isso e o analista me dizia: "Não posso, não posso, eu me sinto mal." "Tenho o menino sentado ali, no chão, e não consigo." Eu insistia: "Faça esse esforço, esqueça-se do menino, dissocie-se e trate de se ver no espelho." O homem fez isso, fez outras vezes, e o menino começou a se chegar, sozinho, sem que lhe dissessem nada, aproximou-se. O analista voltou à supervisão e me disse: "Você sabe, o menino se colocou nos meus pés, me agarrou pelas calças enquanto eu me olhava; aí mesmo é que não consegui mais. Fiquei impressionado. Não podia imaginar que o fato de eu me preocupar com minha imagem, comigo mesmo, pudesse provocar uma coisa assim."

Ocorre que, no mesmo dia em que aconteceu isso, deu-se o que muitas vezes acontece com uma boa interpretação com as crianças autistas: elas, depois, dormirem muitas horas seguidas, sem interrupção; esse é um dos sinais de que houve um efeito fundamental. O analista me telefonou e disse: "Sabe? Faz um dia inteiro que o menino está dormindo, depois da sessão; a mãe me telefonou para me dizer que ele está dormindo e não pára de dormir."

Não quero dizer com isso que eu esteja dando uma técnica do trabalho com o autista. Não estou dizendo que é isso que se deve fazer, estou dando uma ilustração, um alcance clínico de algo que, aparentemente, parece muito teórico; mas isso impregna o analista e, então, o teórico se converte, de repente, numa intervenção técnica. Com isso, quero simplesmente dizer que há um campo enorme para trabalhar. Não se deve ficar apenas com a idéia de que o analista tem que ser o objeto *a*, descarnado, frio; muitas vezes — por exemplo, no tratamento de crianças autistas —, as indicações são o contrário. Há que criar as condições imaginárias para trabalhar com o objeto, ou seja, em vez de trabalhar com o significante, em termos de interpretar, há que trabalhar com o objeto. Eu não poderia dizê-lo com mais clareza, isso necessita de um desenvolvimento mais profundo, mas, em princípio, para poder defini-lo, diria: trabalhar com o objeto.

Pergunta: (inaudível)

Juan-David Nasio: Respondo à pergunta. A fenda fálica tem o duplo caráter de ser o extremo do triângulo imaginário, uma vez que é falo imaginário, e, ao mesmo tempo, enquanto lugar, ela tem um caráter simbólico no Outro.

Pergunta: (inaudível)

Juan-David Nasio: Uma coisa importante, isso é algo em que trabalho muito. Trabalho tentando criar relevos eróticos, criar uma paisagem erótica que não existia até esse momento.

Há um exemplo de Lacan a propósito disso — vocês devem ter lido. Lacan conta que foi perguntar a um filósofo por que a lua não fala. "Porque não tem boca", lhe responderam. O autista é como uma lua que não tem boca. O que é preciso fazer é trabalhar para criar a boca, e não pedir que ele fale. Não é recortar uma boca com uma tesoura, mas quase que moldá-la, como se molda uma massa.

Trabalhar com a massa, trabalhar com a emissão libidinal, mas, para trabalhar a emissão libidinal, é preciso criar toda uma condição imaginária.

O paciente em análise, o neurótico, estimula excessivamente todo o imaginário, estimula excessivamente tudo o que demanda, está constantemente chamando o Outro para que ele demande. No autista, é o contrário, é uma espécie de ruptura em que não se sabe mais o que fazer; surge então a impotência, como se a gente arriasse os braços. Então, com o autista, há que estimular tudo o que é condição imaginária, tudo o que é demanda, para criar essa ilusão libidinal do objeto e, assim, criar uma zona erógena.

Tudo isso foi introduzido porque me pareceu mais interessante, em vez de dizer que o olhar é o objeto que se recorta como um disco no circuito pulsional — que é a posição clássica do olhar na teoria de Lacan —, dizer que não: que o olhar é uma emissão, um produto, que não é apenas causa, que é algo produzido como uma emissão, uma dissipação, e isso de maneira rotativa, de maneira rotacional, em forma de torvelinhos — eu estava pensando na turbulência. Isso quer dizer — isso é o melhor de que posso me aproximar neste seminário — que o olhar é, portanto, uma produção turbulenta.

São estas as três grandes definições do olhar, ainda que, na realidade, eu tenha dado quatro definições, já que a segunda eu dividi em duas:

Primeira definição: o olhar é aquilo que me cativa, que se desprende quando uma luz cintila e me fascina.

Segunda: o olhar é a causa ocasional que sustenta o circuito do desejo pelo Outro.

Terceira: o olhar não é apenas causa, mas é também uma produção da fenda fálica do emissor.

Consideremos o analista. O problema do analista é o seguinte: quando se produz essa situação, que ocorre algumas vezes, não freqüentemente, o analista fica como que polarizado na escuta do dizer do paciente. Polarizado quer dizer que está entre a sonoridade das palavras, a vibração sonora da voz que o paciente tem, e o sentido do que diz o paciente. De repente, surge no analista uma imagem plástica, que se impõe, que não tem uma relação direta com o que está sendo dito. Digo a mim mesmo que o analista, nesse momento, está olhando. Mas, na realidade, tenho que fazer duas observações: na realidade, não é que o analista esteja olhando, é que essa imagem que reaparece é uma imagem que reaparece da mesma maneira como reaparece na história da histérica, quando Freud trabalhava com a histeria e falava do famoso trabalho de catarse, da descarga e da ab-reação. Ou seja, a ab-reação consistia, segundo Freud, em fazer com que o esquecido, o traumatizado, voltasse ao paciente sob a forma de uma imagem, e que essa imagem fosse dita. Era uma descarga não apenas verbal, era uma descarga também com imagens, era uma produção de imagens. A tal ponto que, se vocês lerem esse texto de Freud, Freud diz à paciente: "Conte-me", e a paciente responde: "Sim, eu me lembro, foi num almoço", e Freud acrescenta: "Olhe, olhe bem quem estava à mesa"; e ela responde: "Não havia ninguém"; e Freud acrescenta: "Tem certeza? Olhe bem." Isso é quase textual, está nos *Estudos sobre a histeria*. "Olhe bem", diz Freud, e por fim ela lhe responde: "Ah! sim, havia um homem". Ou seja, Freud, para produzir a descarga, pede, exige, e primeiro arranca uma imagem. A descarga não é só uma descarga oral — como às vezes se diz —, é uma catarse oral, sim, porém é também plástica.

Do mesmo modo que Freud faz voltar e arranca o recalcado, o esquecido, sob a forma de uma imagem, eu diria que, quando o analista está escutando e, subitamente, uma imagem se impõe a ele, essa imagem que se impõe também é algo relativo ao esquecido do paciente.

Vocês conhecem minha maneira de pensar; para mim, a interpretação do analista — essa é a fórmula que sempre utilizo —, a interpretação e as produções do analista são o retorno do recalcado do paciente. Uma interpretação é um retorno no analista, é uma palavra no analista que surge como retorno do recalcado no paciente, do esquecido no paciente. Pois bem, ocorre que esse retorno nem sempre é um retorno oral, mas também pode ser um retorno plástico. Pode ser uma imagem plástica que aparece de surpresa no analista, e é a essa imagem que chamo "retorno visual", no analista, do recalcado do paciente.

Não é só nos primeiros textos de Freud que podemos encontrar questões similares, mas também em alguns dos últimos, como *Construções em análise*. Ali, ele diz que ocorre freqüentemente que, ao comunicar algo ao paciente, este tem uma lembrança tão nítida, tão vívida, que é como uma alucinação. Eu diria que, no analista, esse surgimento da imagem é também da mesma ordem desse tipo de alucinação que Freud despertava nos pacientes quando lhes dizia algo. Então, suponhamos que essa imagem no analista seja o retorno visual do recalcado, traumático e esquecido no paciente. Eu diria melhor, é o retorno sob a forma do olhar daquela dor, recalcado no paciente, como se a dor esquecida se convertesse em olhar visto, em olhar que aflora; a dor é esquecida e o olhar aflora. A dor vem a ser o retorno sob a forma de uma imagem que capta o analista e lhe rouba o olhar.

Desejo pelo Outro significa que o olhar vai para o Outro e rouba o olhar, nos leva a fazer esse circuito e nos tira o olhar, e o olhar se desprende.

Aqui, quero colocar uma pergunta. Se esse retorno da dor do paciente sob a forma do olhar, se esse olhar não é o olhar do analista, é um olhar em nós, como entender esse olhar em nós, se sabemos que o olhar não tem ator, o olhar não tem objeto sobre o qual aplicar-se? Como dizer isso, como entendê-lo? Devo empregar um conceito que não utilizei até agora: o conceito de "percepção endopsíquica". Freud o utiliza em diferentes ocasiões, eu diria que o emprega num bom número de ocasiões, caso a gente se preocupe em constatá-lo, e é um conceito extraordinário. O conceito de percepção endopsíquica é o conceito de percepção visual endopsíquica, na qual não há ninguém olhando. Seria como se, dentro de nós, algo olhasse algo; não é que nós olhemos para algo, mas algo no analista olha para algo. Eu diria que, quando essa imagem aparece no analista, há uma relação autoperceptiva de um inconsciente que olha para o inconsciente, e a isso Freud chamou "percepção endopsíquica". É uma percepção entre os sistemas psíquicos, inclusive dentro do próprio sistema psíquico. É uma idéia de Freud, a meu ver, é quase um dos limites. Creio que há certos limites em Freud, e esse seria um dos grandes conceitos-limite de Freud, que Lacan não desenvolveu. Ele não desenvolveu isso.

A percepção endopsíquica seria aquilo que ocorre no momento da emergência de uma imagem escópica, essa imagem em que o analista é o lugar nele que se olha, o lugar onde ocorre o olhar, e o que ocorre é a percepção do inconsciente que se percebe, do inconsciente que percebe o inconsciente. Isso exige, evidentemente, um esforço de abstração enorme para ser aceito, mas, mesmo sem esforço de abstração, podemos pensar em quais coisas olharam para coisas. Eu lhes dizia antes: façamos o esforço de ver o olho no ânus, a boca nos olhos; façamos agora o esforço de ver que partes do corpo percebem partes do corpo, como se o esôfago estivesse percebendo o pulmão, quase coisas desse estilo, só que estamos falando do psíquico. Inclusive, Freud falou não só de percepção endopsíquica, como disse textualmente que a percepção endopsíquica de um sistema por outro sistema está na base, na origem da construção da teoria metapsicológica, e não apenas dela, mas está também na origem de toda a teoria analítica, e até na base do mito e, às vezes, nos delírios.

Freud diz que os mitos, os delírios, as teorias e, em particular, a teoria metapsicológica, são o produto de uma operação endopsíquica, autoperceptiva. Isso quer dizer que, quando alguém me pergunta: "Mas, diga-me, sua teoria nasce da experiência? Essa teoria do circuito pulsional nasceu da experiência de Freud com seus pacientes?", eu responderia que nasceu da experiência de Freud com seus pacientes, sim, mas essa teoria nasce de uma relação autoperceptiva, endopsíquica, que se manifesta na produção da teoria.

Quando se lê Freud, e ele diz isso na *Psicopatologia da vida cotidiana*, constata-se que a metapsicologia é produto de uma operação perceptiva endopsíquica, e não produto da experiência com os pacientes. Então, seria possível acrescentar: sim, é o fruto da experiência com os pacientes, porque, na experiência com os pacientes, pode dar-se essa experiência de percepção endopsíquica que vai dar lugar à teoria metapsicológica.

Antes de terminar, eu gostaria de lhes expor minha tese: o olhar inconsciente do psicanalista é uma autopercepção endopsíquica; é aí, nessa autopercepção endopsíquica, que se articula a produção dessa emissão turbulenta, vamos chamá-la assim.

Termino com uma citação de Freud — é a citação com que se poderia fazer a epígrafe deste seminário. Diz Freud numa carta a Stefan Zweig: "Pela brecha da retina poderíamos ver profundamente no inconsciente."

ESQUEMAS, QUADROS E ILUSTRAÇÕES

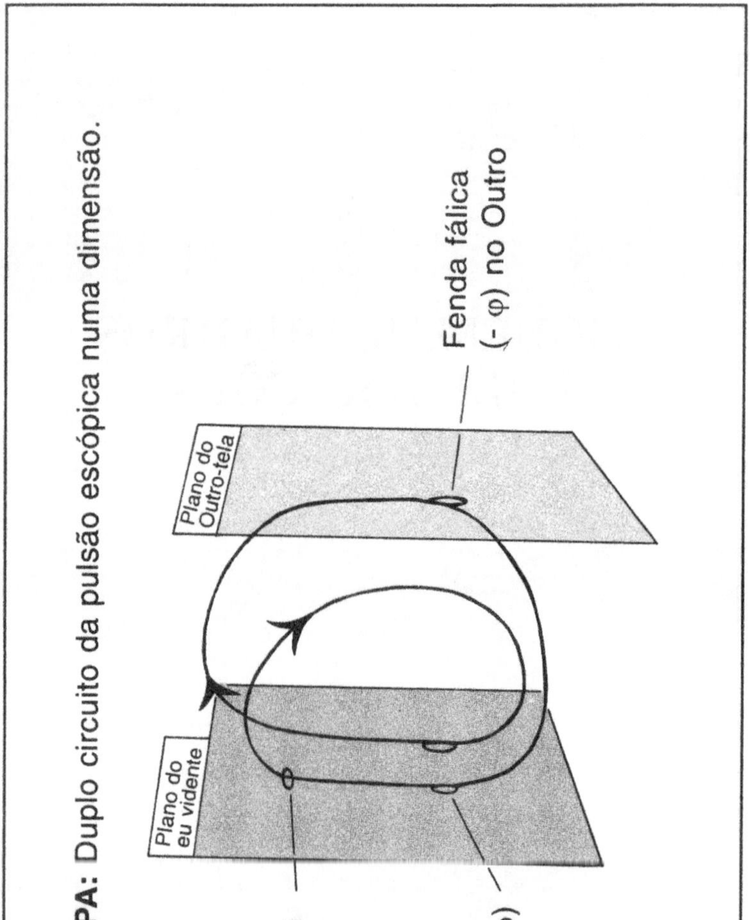

PRIMEIRA ETAPA: Duplo circuito da pulsão escópica numa dimensão.

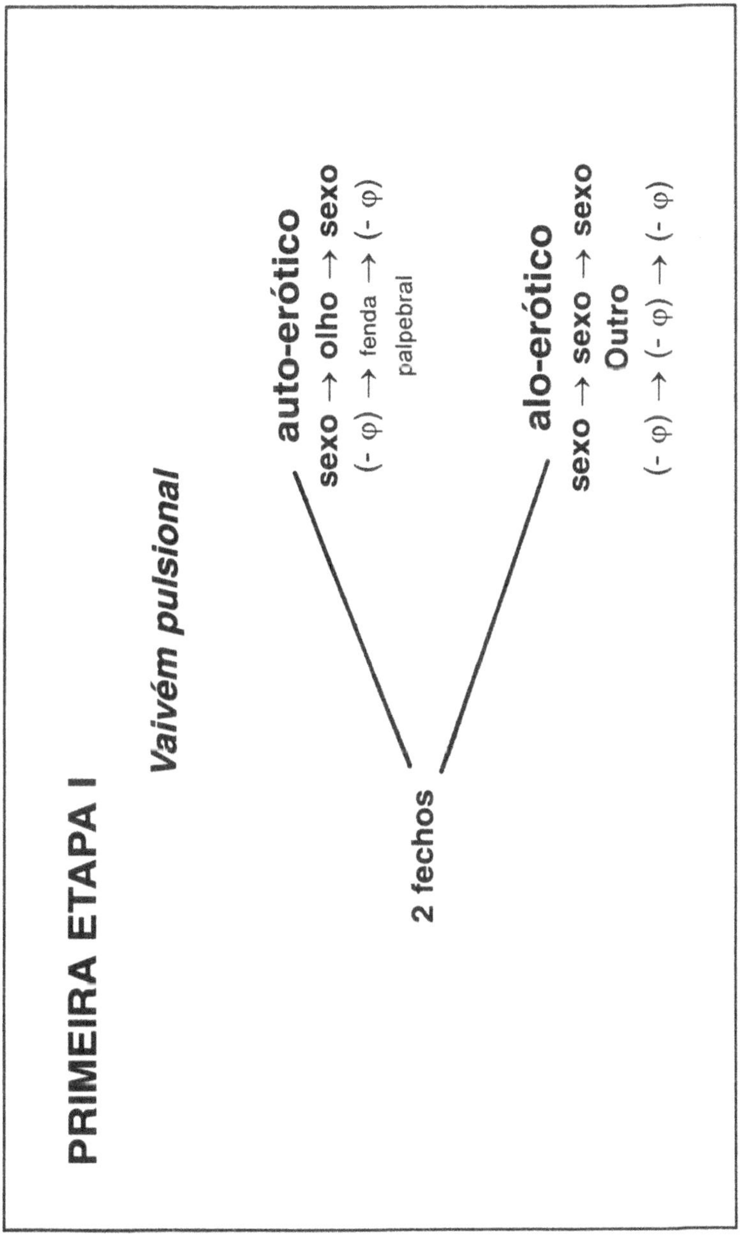
PRIMEIRA ETAPA I
Vaivém pulsional
2 fechos
auto-erótico
sexo → olho → sexo
(- φ) → fenda → (- φ)
palpebral
alo-erótico
sexo → sexo → sexo
Outro
(- φ) → (- φ) → (- φ)

SEGUNDA ETAPA: Duplo circuito da pulsão escópica em duas dimensões, ou seja, numa superfície chamada banda de Moebius. O duplo circuito, que era uma linha na primeira etapa, agora constitui a borda desta banda.

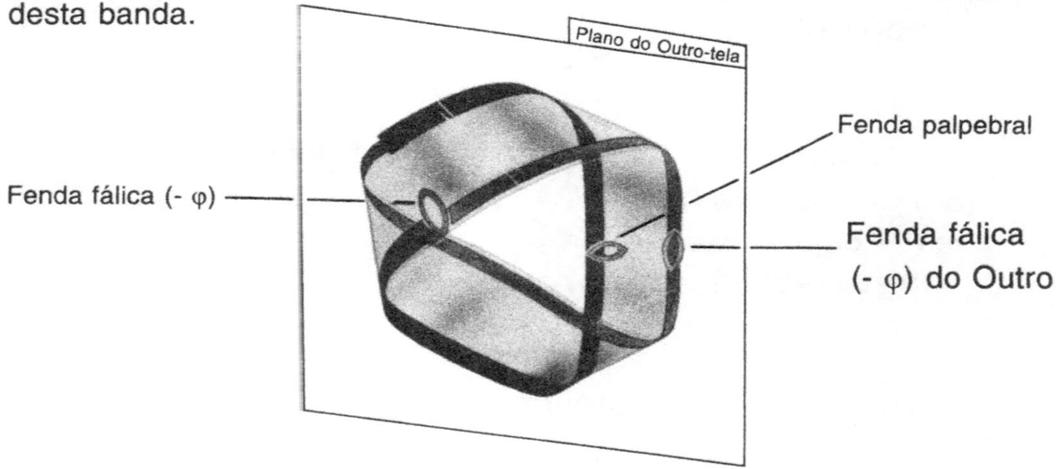

Banda de Moebius colada e pendente do plano do Outro-tela

SEGUNDA ETAPA II

Vaivém pulsional

2 fechos = uma borda de uma tira de Moebius

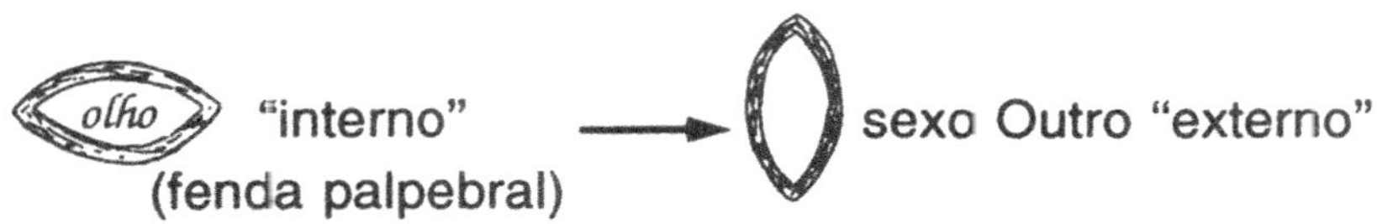

TERCEIRA ETAPA: Duplo circuito da pulsão escópica em duas dimensões. As duas linhas, mescladas na banda de Moebius.

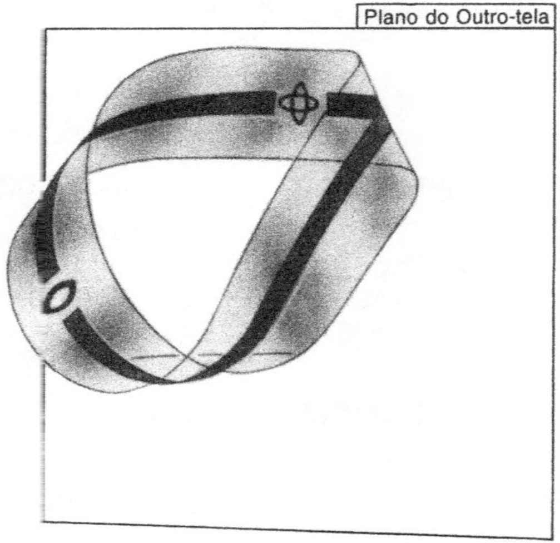

Banda de Moebius colada e pendente do plano do Outro-tela.

TERCEIRA ETAPA III

Vaivém pulsional

1 único fecho:

- Desaparecimento da diferença entre os dois fechos
- Desaparecimento da distinção entre auto-erotismo e alo-erotismo

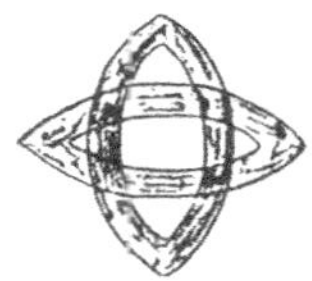

Olho = sexo do Outro

"Vi exatamente na vagina peluda de Simone o olho azul pálido de Marcelle, que me olhava chorando lágrimas de urina."
Georges Bataille, *História do olho.*

QUARTA ETAPA IV

O **Outro-tela-quadro** converteu-se agora numa tira de Moebius, tal como o sujeito escópico inconsciente.

* * *

Quando essas duas bandas superpostas e cruzadas unem-se ao longo das bordas, e depois se enche isso de ar, o resultado é um objeto volumoso: **A garrafa de Klein.**

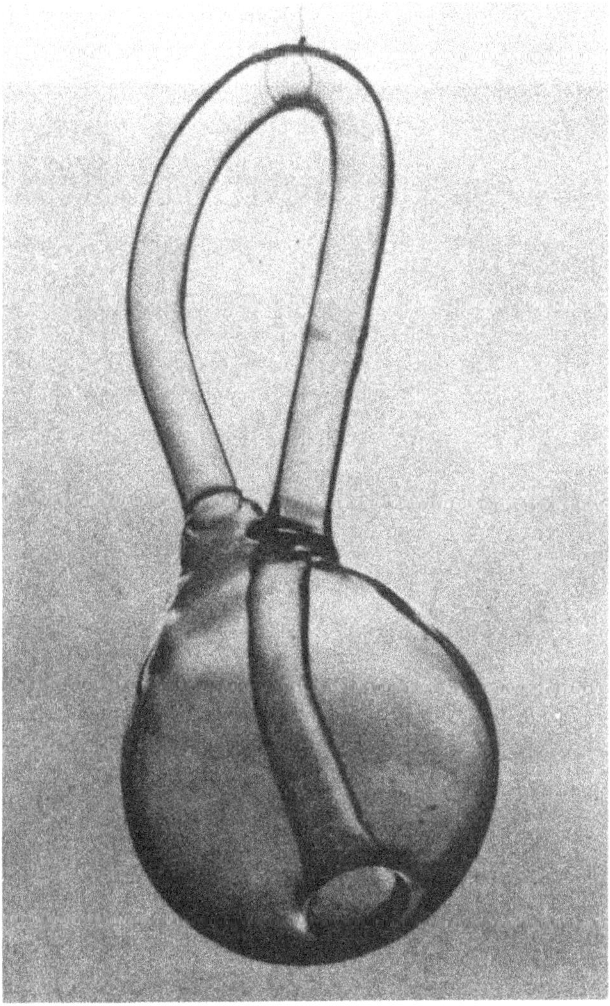

Garrafa de Klein

M.C. Escher: *Exposição de gravuras*, litografia de 1956.

Coleção Transmissão da Psicanálise

Não Há Relação Sexual
Alain Badiou

Fundamentos da Psicanálise de Freud a Lacan (3 volumes)
Marco Antonio Coutinho Jorge

Transexualidade
Marco Antonio Coutinho Jorge; Natália Pereira Travassos

Por Amor a Freud
Hilda Doolittle

A Criança do Espelho
Françoise Dolto e J.-D. Nasio

O Pai e Sua Função em Psicanálise
Joël Dor

Introdução Clínica à Psicanálise Lacaniana
Bruce Fink

A Psicanálise de Crianças e o Lugar dos Pais
Alba Flesler

Freud e a Judeidade
Betty Fuks

A Psicanálise e o Religioso
Phillipe Julien

O Que É Loucura?

Simplesmente Bipolar
Darian Leader

5 Lições sobre a Teoria de Jacques Lacan

9 Lições sobre Arte e Psicanálise

Como Agir com um Adolescente Difícil?

Como Trabalha um Psicanalista?

A Dor de Amar

A Dor Física

A Fantasia

Os Grandes Casos de Psicose

A Histeria

Introdução à Topologia de Lacan

Introdução às Obras de Freud, Ferenczi, Groddeck, Klein, Winnicott, Dolto, Lacan

Lições sobre os 7 Conceitos Cruciais da Psicanálise

O Livro da Dor e do Amor

O Olhar em Psicanálise

Os Olhos de Laura

Por Que Repetimos os Mesmos Erros?

O Prazer de Ler Freud

Psicossomática

O Silêncio na Psicanálise
J.-D. Nasio

Guimarães Rosa e a Psicanálise
Tania Rivera

A Análise e o Arquivo

Freud – Mas Por Que Tanto Ódio?

Lacan, a Despeito de Tudo e de Todos

O Paciente, o Terapeuta e o Estado

A Parte Obscura de Nós Mesmos

Retorno à Questão Judaica

Sigmund Freud na sua Época e em Nosso Tempo
Elisabeth Roudinesco

O Inconsciente a Céu Aberto da Psicose
Colette Soler